슬렁 씨의 도시 탐험

서울
강남

천천히읽는책_76

도시 탐험 서울 강남 슬렁 씨의 도시 탐험

글·사진 강대호

펴낸날 2025년 1월 17일 초판1쇄
펴낸이 김남호 | 펴낸곳 현북스
출판등록일 2010년 11월 11일 | 제313-2010-333호
주소 07207 서울시 영등포구 양평로 157, 투웨니퍼스트밸리 801호
전화 02) 3141-7277 | 팩스 02) 3141-7278
홈페이지 http://www.hyunbooks.co.kr | 인스타그램 hyunbooks
편집 전은남 | 책임편집 류성희 | 디자인 디.마인 | 마케팅 송유근 함지숙
ISBN 979-11-5741-431-4 73910

⚠주의 종이에 베이거나 긁히지 않도록 조심하세요. 책 모서리가 날카로우니 던지거나 떨어뜨리지 마세요.

슬렁 씨의 도시 탐험

서울
강남

글·사진 강대호

현북스

슬렁 씨는 왜 '도시탐험가'가 되었을까?

강남대로는 '강남의 큰길'이라는 뜻입니다. 한남대교 남쪽 끝부터 경부고속도로 양재 나들목까지, 강남 지역을 길게 연결하는 길이지요.

강남대로는 경계선이기도 합니다. 한남대교부터 양재역사거리까지만 보면, 강남대로의 서쪽은 서초구이고, 동쪽은 강남구니까요.

이처럼 서초구와 강남구 양쪽 모두에 걸쳐 있는데도 길 이름은 강남대로입니다. 강남역도 마찬가지예요. 강남역 출입구 중 절반은 서초구에 있으니까요.

만약 서초구가 사람이었다면 무척 섭섭했을 거 같지 않나요? 분명 서초구에도 걸쳐 있는 도로와 지하철역인데, 이름은 강남

신사역에서 논현역 방향으로 바라본 강남대로 강남대로는 서초구와 강남구의 경계선이에요. 도로 오른쪽은 서초구이고, 왼쪽은 강남구이지요.

구에서만 따왔으니 말이죠.

슬렁 씨는 왜 서초구에만 불공평한 일이 생긴 건지 궁금했습니다. 그 이유를 알고 싶어서 강남 지역을 구석구석 탐험하고, 다양한 자료를 찾아보게 되었지요.

그건 서초구가 강남구에 속했던 시절, 그러니까 서초구가 생기기 전 강남구만 있던 시절에 도로 이름과 지하철역 이름을 정했기 때문이었습니다.

강남 일대가 옛날에는 경기도 땅이었다고?

옛날로 거슬러 올라가다 보면, 서초구와 강남구가 경기도에 속했던 시절도 있었습니다. 그때는 강남대로 일대가 경기도 광주군과 시흥군의 경계이기도 했지요.

경기도에 속했던 서초구와 강남구가 서울이 된 건 1963년 1월 1일부터였어요. 그러니까 1962년 12월 31일까지 강남대로 일대는 경기도 땅이었지요. 지금의 서초구는 경기도 시흥군 신동면이었고, 강남구는 경기도 광주군 언주면이었습니다.

한강 남쪽에 있는 경기도의 다른 지역도 이때 서울이 되었어요. 경기도 김포군에 속했던 지금의 강서구와 양천구, 그리고 경기도 광주군에 속했던 지금의 강동구와 송파구도 서울로 편입되었지요.

새롭게 서울이 된 경기도 지역은 서울특별시의 영등포구청과 성동구청에 속하게 되었습니다. 경기도 시흥군과 김포군에 속했던 지역은 영등포구청 소속이, 경기도 광주군에 속했던 지역은 성동구청 소속이 되었지요.

새로 서울이 된 지역은 구청에서 멀었어요. 이들 지역에 출장소를 설치한 이유이지요. 출장소는 구청에서 멀리 떨어진 동네에 설치하는 작은 구청이에요. 지금의 서초구 지역에는 영등포구청 신동출장소가, 지금의 강남구 지역에는 성동구청 언주출장소가 설치되었습니다.

그러니까 지금의 강남구 일대는 한때 성동구청에 속했고, 서초구 일대는 영등포구청에 속했던 거죠.

그런 두 지역은 오래도록 농촌이었어요. 채소나 과일 등을 농사지어 한강 건너 서울의 시장에 팔았지요. 강남이 한창 신도시로 개발되던 1970년대는 물론 80년대만 하더라도 논과 밭을 꽤 볼 수 있었습니다.

원래 다른 구청에 속했던 두 지역은 1973년 7월에 영동출장소가 담당하는 하나의 지역으로 합쳐졌어요. 영동출장소는 성동구청 소속의 출장소였지요.

이때부터 사람들은 두 지역을 '영동'이리는 하나의 지역으로 여기게 되었습니다. 여기서 영동은 '영등포의 동쪽'을 의미해요. 지금의 강남구와 서초구가 영등포의 동쪽에 있어서 생긴 이름이지요. 1970년대만 해도 영등포는 서울 한강 남쪽 지역의 중심지

서울로 편입된 경기도 땅 원래 경기도 땅이었던 서초구와 강남구는 1963년부터 서울이 되었어요. (자료·위키피디아)

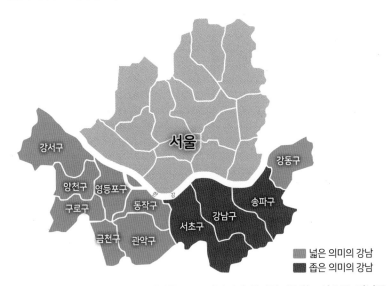

넓은 의미의 강남
좁은 의미의 강남

서울 강남 넓게는 한강의 남쪽 지역을 모두 강남이라 하지만, 좁게는 서초구, 강남구, 송파구를 '강남 3구'라 하여 강남으로 불러요. (자료·위키피디아)

였어요.

영동으로 불리던 이 지역이 '강남'으로 불리게 된 계기가 있습니다. 성동구청 소속이었던 영동출장소가 1975년 10월 1일 강남구로 독립하게 된 거죠.

당시 서초구는 강남구에 포함된 지역이었습니다. 이때부터 강남구 일대는 영동으로 불리기보다는 한강의 남쪽, 즉 강남으로 불리기 시작했습니다.

서초구는 1988년에 생겼어요. 그런데 강남구에서 독립한 후에도 서초구는 강남으로 불릴 때가 많아요. 부동산 관련 뉴스에서 강남 3구라 분류하기도 하고요. 송파구도 강남 3구에 속하는데 이 지역 또한 한때 강남구에 속했었습니다.

슬렁 씨가 '도시탐험가'가 된 까닭은?

도시탐험가 슬렁 씨는 1976년 12월에 강남으로 이사했습니다. 그전까지 서울 강북의 주택에서 살다가 역삼동의 아파트로 이사한 거죠. 슬렁 씨는 강남에서 초등학생 시절부터 대학교 졸업 무렵까지 살았습니다. 지금까지 만나는 친구 중에는 이 시기 강남에서 함께 학교 다닌 동창들이 많습니다.

그러니 강남은 슬렁 씨의 고향이나 마찬가지입니다. 하지만 슬렁 씨가 어릴 적 살았던 동네는 현재 몰라보게 변했습니다. 낡은 아파트를 헐고 새 아파트가 들어섰거든요. 슬렁 씨 친구들이 살던 아파트도 마찬가지입니다. 아파트단지뿐 아니라 주택가의 모습도 싹 바뀌었습니다. 단독주택이 빌라나 상가 같은 건물로 변했습니다.

슬렁 씨는 강남에 갈 때면 어릴 적 살던 동네를 걸어 보곤 했습니다. 모습이 많이 바뀌었지만, 옛 흔적을 찾아보고 싶었거든요. 그러다 자료들을 뒤지며 강남의 옛 모습이 어땠는지 탐구하게 되었지요.

어느 날 내셔널지오그래픽 채널의 한 다큐멘터리가 슬렁 씨의 마음을 사로잡았습니다. 이 다큐멘터리에 '내셔널지오그래픽 익스플로러'라고 불리는, 오늘날 세계 곳곳에서 활동하는 탐험가들이 등장했거든요.

'탐험가라고?'

'탐험은 이미 과거에 영웅적인 탐험가들에 의해 모두 끝난 게

아니었나?'

　처음에는 이런 의심이 들었지만 슬렁 씨에게 '탐험'이라는 용어를 새롭게 따져 본 계기가 되었습니다.

　탐험 : 인간이 본래 가지고 있는 미지의 세계를 찾는 마음, 즉 탐구심과 미지의 세계에서 얻을 수 있는 이익 및 성과에의 기대가 결부되어 야기된 인간의 행위.

　인터넷에서 찾은 탐험에 대한 뜻 중 슬렁 씨 마음에 가장 와닿는 설명이었습니다. 내셔널지오그래픽 채널의 다큐멘터리들 또한 이미 알려진 곳에 가더라도 새로운 관점으로 그곳을 바라보는 게 탐험이라 말하고 있었고요.

　슬렁 씨는 이렇게 생각했습니다. '그렇다면 내가 어릴 적 살던 곳을 찾아다니는 여정도 어쩌면 탐험이 아닐까?' 하고요. 그곳은 사람들로 북적이는 현실 세계이지만 슬렁 씨에게는 탐구하고픈 미지의 세계이기도 했으니까요.

　슬렁 씨는 어린 시절에 살았던 동네는 물론 서울 곳곳을 탐험하듯 찾아다녔습니다. 그 지역의 변화를 알기 위해 각종 자료도 뒤져 봤습니다. 그중 과거 신문 기사는 책이나 인터넷에 나오지 않는 옛이야기들을 들려주었습니다.

그리고 과거에 촬영한 항공사진도 큰 도움이 되었습니다. 비록 위에서 찍은 모습만 볼 수 있지만, 도시가 변해가는 모습은 충분히 알아볼 수 있으니까요.

이렇듯 현장 답사와 자료 조사를 통해 그 지역의 변화를 알아가는 과정이 슬렁 씨에게는 미지의 세계를 찾아 떠나는 탐험이나 마찬가지였습니다. 그러니까 '도시 탐험'이었던 거죠.

'슬렁'이라는 별명도 도시 탐험을 하다가 생겼습니다.

슬렁 씨는 어느 동네에서 옛 흔적을 찾다가 경찰의 검문을 받은 적이 있습니다. 수상하다는 신고가 들어왔다면서요. 경찰은 인적이 드문 동네를 두리번거리며 어슬렁대면 이상한 사람으로 오해받을 수밖에 없을 거라 했습니다.

그러고 보니 어슬렁댄다거나 슬렁댄다는 표현은 도시 탐험에 빠진 모습을 잘 설명하고 있었습니다. 이 사연을 들은 그의 친구가 '슬렁'이라는 별명을 붙여 주었고요. 그렇게 도시탐험가 슬렁 씨가 탄생했습니다.

이 책에는 도시탐험가 슬렁 씨가 강남 지역을 답사하며 발굴한 이야기들이 담겨 있습니다. 한강 남쪽 일대를 넓은 의미의 강남으로 본다면, 이 책에서 이야기하는 강남은 좁은 의미의 강남을 의미합니다. 강남구와 서초구는 물론 오늘날 '강남 3구'로 분류되는 송파구 일대도 포함됩니다. 송파구에 속한 잠실 또한 강남이 신도시로 개발되던 시기에 함께 개발되었습니다.

도시탐험가 슬렁 씨는 지금도 서울 어디에선가 어슬렁거리며 옛이야기를 발굴하고 있을 겁니다.

강남초등학교

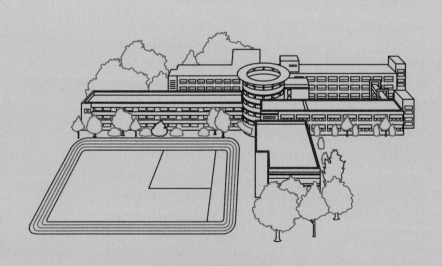

📍 강남구도 아닌 곳에 웬 강남초등학교가?

도시탐험가 슬렁 씨는 길을 걷다 멈칫, 했습니다. 어느 건물에 쓰인 글자가 호기심을 건드렸거든요. 숭실대학교 정문 근처에 있는 그 건물에는 '강남아파트'라고 쓰여 있었어요.

숭실대학교는 동작구 상도동에 있고, 이 건물도 마찬가지예요. 그러니까 강남구도 아니고 강남 3구로 분류되는 서초구나 송파구도 아닌데, '강남'을 건물 이름으로 쓴 거였어요. 물론 이름을 짓는 건 건물주 마음이에요. 그래도 슬렁 씨는 건물 이름에 왜 강남이 들어갔을까 궁금했어요.

건물을 보아하니 무척 오래돼 보이네요. 1층과 지하에는 식당이나 카페가 있고 2층부터 5층까지는 아파트입니다. 슬렁 씨는

상도동의 강남아파트 동작구 상도동의 숭실대학교 인근에 있는 이 아파트는 강남구도 아니고 송파구나 서초구도 아닌데 건물에 '강남'이라는 이름이 붙어 있었어요

근처 부동산 사무실에 가서 이 건물에 관해 물어봤어요. 부동산 사장님은 "강남아파트는 1972년에 지었는데, 그때만 해도 이 동네를 강남으로 부르기도 했답니다. 강남이 개발되기 전만 해도 그랬다네요"라고 대답했지요.

원래 강남이 따로 있었다고? 도시탐험가 슬렁 씨는 궁금증이 더 커져 자료를 찾아봤어요. 그런데 50여 년 전만 해도 영등포 일대가 강남으로 불린 게 사실이었습니다.

한강 남쪽에서 가장 먼저 서울이 된 영등포

조선시대까지만 해도 한양도성 안과 '성저십리'라 불린 도성 바깥 지역 정도만 서울이었습니다. 성저십리는 도성에서 10리, 즉 4km 내외의 지역을 말해요. 성북구, 동대문구, 성동구, 마포구, 용산구, 서대문구 등 오늘날 서울 강북의 많은 지역이 성저십리에 포함되었어요.

그러다 조선 말기를 지나며 한강 남쪽 지역의 중요성이 커졌습니다. 인천과 가까운 영등포가 특히 그랬어요. 1883년에 개항한 인천에는 외국과 연결되는 항구가 있었고, 1899년에 인천과 노량진을 연결한 경인선 철도는 영등포를 지났지요.

일제강점기에 들어서 영등포는 기차가 전국으로 연결되는 길목인데다 인천과도 가깝다는 장점 덕분에 공업지대로 발전하게 되었습니다.

이때만 해도 영등포는 경기도 시흥군에 속한 지역이었어요. 서울은 한강 남쪽으로 확장이 필요했고요. 눈에 띄게 발전하던 영등포는 1936년에 서울이 되었습니다.

영등포는 당시로서는 첨단이었던 삼백산업의 중심지이기도 했

영등포공원의 맥주 공장 조형물 영등포공원에 맥주 공장에서 사용했던 솥이 기념물처럼 서 있는데, 일제강점기 이 공원 일대에 일본 맥주 회사가 있었고 광복 후에는 한국 회사인 OB맥주 공장이 있었어요.

습니다. '삼백산업(三白産業)'은 하얀색 제품을 만드는 세 가지 산업을 의미해요. 면직, 설탕, 밀가루가 여기에 속하지요. 지금도 영등포역 근처에 가면 대선제분이나 경성방직 같은 당시 공장들의 흔적을 볼 수 있습니다.

　영등포에는 맥주 공장도 있었어요. 영등포역 인근의 공원과 아파트단지가 맥주 공장이었던 터에 들어선 겁니다.

　그러니까 일제강점기에 영등포는 돈이 몰리는 지역이었던 거죠.

영등포에 관한 자료를 뒤지던 도시탐험가 슬렁 씨는 흥미로운 단체를 알게 되었어요. '강남발전위원회'라는 단체인데 1926년 무렵부터 여러 신문 기사에 등장합니다. 이 기사들을 종합하면, 이 단체 회원들이 발전하기를 바랐던 강남은 지금의 영등포, 노량진, 대방동, 흑석동 그리고 상도동을 의미해요. 그러니까 오늘날 사람들이 알고 있는 강남이나 강남 3구 지역과는 전혀 다른 지역이었습니다.

당시 영등포와 노량진에는 철도역과 공장 지대가 있었고, 대방동에는 공동주택단지와 휴양 시설이 있었습니다. 그리고 흑석동과 상도동은 교외 주택지로 개발되었고요. 즉 새롭게 발전하는 지역이었던 거죠.

강남발전위원회를 소개한 신문 기사들을 보면 회원 중에는 친일파인 '조병상'의 이름도 보이지만, 대부분 일본인 유지들이 속해 있었어요. 이들은 영등포 일대가 공업과 상업의 중심지로 더욱 발전하기를 바라는 활동을 했습니다. 강남발전위원회의 활동 때문이었는지 일제강점기 후기에 영등포 일대를 '강남'이라고 표현하는 신문 기사들을 꽤 볼 수 있습니다.

학교 이름으로 남은 '원조 강남'의 흔적

도시탐험가 슬렁 씨는 영등포 일대에서 이 지역이 강남으로 불렸던 시절의 흔적을 찾아보았습니다. 영등포역 주변과 당산동에 건물 이름으로 '강남'이 들어간 데가 여럿 있다는 자료를 봤거든요. 하지만 슬렁 씨는 찾을 수 없었어요. 당산동에서 오래 사셨다는 어르신들에게 물어보니 모두 헐리고 새 건물이 되었다고 하네요. 다만 "이 동네를 강남으로 불렸던 시절이 있긴 했지" 하는 증언만 들을 수 있었습니다.

그런데 놀랍게도 강남의 흔적이 학교 이름으로 남아 있었습니다. 공립학교는 대개 그 지역 이름으로 학교 이름을 지으니까요. 그러니 학교 이름에 강남이 들어갔다면 그 지역이 강남으로 불렸던 시절에 세워진 학교인 겁니다. '강남초등학교'와 '강남중학교'가 바로 그런 사례였어요.

강남초등학교는 동작구 상도동에 있습니다. 이 학교 자료를 찾아보니 1941년에 '강남 심상소학교'라는 이름으로 개교했네요. 광복 후 강남국민학교로 이름을 바꾸었다가 지금의 강남초등학교가 되었고요. 학교 이름으로만 보면 1941년경 상도동 일대는

동작구 대방동에 있는 강남중학교 강남중학교가 개교한 1959년 즈음 대방동 일대가 강남으로 불렸던 흔적이에요.

강남으로 불리던 지역이었어요.

강남중학교는 동작구 대방동에 있습니다. 1959년에 개교했고요. 슬렁 씨에게는 이 학교와 관련한 일화가 하나 있어요.

예전에 지방에 사는 친척이 슬렁 씨에게 연락을 해 왔습니다. 자기 딸이 강남중학교 교사로 부임했다면서요. 그는 학교 이름에 '강남'이 들어가서 강남에 있는 학교인 줄 알았다고 했습니다. 그런데 그의 말이 아주 틀린 건 아니었어요. 적어도 강남중학교가 개교한 1959년 즈음 대방동 일대는 강남으로 불렸으니까요.

이런 역사 때문인지 영등포와 인근 지역을 '원조 강남'으로 부르기도 합니다. 특히 서울을 연구하는 이들이 지금의 강남과 비교하는 의미에서 원조라는 표현을 즐겨 씁니다. 도시탐험가 슬렁 씨 또한 서울을 연구한 자료들을 읽다가 '원조 강남'이라는 표현을 자주 접하곤 했고요.

여기서 '강남'은 한강의 남쪽을 의미합니다. 즉 영등포 일대가 강남이라고 불린 건 말 그대로 한강 남쪽이라는 뜻이었어요. 여기에다 한강 남쪽에서 가장 먼저 서울이 된 지역이라는 의미가 더해져 '원조 강남'이라는 별명이 붙었겠지요.

강남으로 불리던 시절 영등포는 서울 남부의 중심지였습니다. 그럴 수밖에 없는 게 1963년 1월에 서울이 된 경기도 땅은 거의 한적한 농촌이었어요. 그런데 영등포에는 철도역과 공단이 있어서 공업과 상업이 발달했습니다. 그런 영등포는 한국 사람 모두가 이름을 알고 있던 동네였을 겁니다. 그래서 지금의 강남 지역을 처음 개발할 때 '영동', 즉 영등포의 동쪽이라 불렀던 게 아닐까요. 이로 보듯 1960년대와 70년대 초반만 해도 한강 남쪽 서울은 영등포를 기준으로 삼았습니다. 그러다 언제부터인가 강남은 영등포 일대가 아니라 지금의 강남구와 서초구 일대를 일컫는 표현이 되어 버렸지요. 영등포는 원조라는 표현을 덧붙일 수밖에 없었고요.

　도시탐험가 슬렁 씨는 원조라는 단어에서 식당이 떠올랐습니다. 신당동의 떡볶이 골목이나 장충동의 족발 거리에서 볼 수 있는 원조라 쓰인 식당들이요. 이들 식당이 원조라는 단어를 쓰는 건 나중에 생긴 식당이 아류라는 걸, 즉 흉내 냈다는 걸 알리기 위해서입니다. 그러니까 자기네 식당이 진짜라는 걸 강조하고 있는 겁니다.

　그래서일까요. 슬렁 씨는 '원조 강남'이라는 표현에서 영등포의 자부심이 느껴졌습니다. 근대에서 현대로 넘어오며 서울이 발전하는 모습을 현장에서 목격해 온 동네이니까요. 한편으로 원조 강남이라는 표현에서 먼저 출발한 선발주자보다 앞서가는 후발주자를 바라보는 듯한 씁쓸함이 느껴지기도 했습니다.

　영등포의 동쪽이라는 정체성에서 출발한 지금의 강남 지역은 분명 후발주자였어요. 하지만 영등포를 상징했던 강남이라는 표현을 언제부터인가 자기 것으로 만들어 버렸습니다.

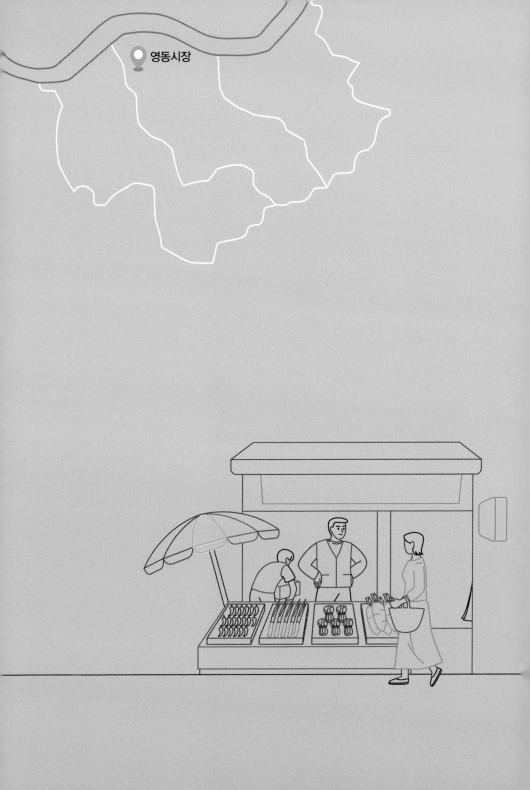

영동시장

❷ 영등포의 동쪽, '영동'이라 불린 강남

 강남에는 경기도였던 시절의 흔적과 영동이었던 시절의 흔적도 남아 있습니다. 서울 신동초등학교와 언주초등학교는 강남이 경기도였던 시절의 흔적입니다.

 신동초등학교는 서초구 잠원동에 있고, 언주초등학교는 강남구 도곡동에 있어요. 그런데 왜 이 초등학교들이 경기도 시절의 흔적이냐고요? 학교 이름에 힌트가 있지요.

 서울이 되기 전인 1962년 12월까지 서초구는 경기도 시흥군 신동면이었고, 강남구는 경기도 광주군 언주면이었어요.

 맞아요. 옛날 동네 이름을 학교 이름으로 쓴 거였어요. 과거 영등포 일대가 강남으로 불리던 시절에 개교한 강남초등학교나

강남구 도곡동 언주초등학교 현재 강남구 도곡동에 있는 언주초등학교는 과거 이곳이 경기도 광주군 언주면이었던 1927년에 개교하여 언주초등학교란 이름이 붙은 거예요.

강남중학교처럼요.

그러니까 두 지역이 경기도였던 시절에 이 학교들이 세워진 거였습니다. 언주초등학교는 1927년에 개교했고, 신동초등학교는 1946년에 개교했어요. 공립학교는 대개 그 학교가 들어선 지역의 이름을 붙여요.

강남 개발과 함께한 언주초등학교와 신동초등학교

두 학교가 들어선 지역은 한적한 농촌이었습니다. 그런데 1970년대에 들어서면서 두 학교는 학생들로 넘치게 되었어요. 강남이 신도시로 개발된 까닭이에요.

도시탐험가 슬렁 씨는 이 시기에 강남으로 이주해 온 이들을 수소문해 보았습니다. 그중에서도 신동초등학교나 언주초등학교를 다닌 이들을요. 슬렁 씨의 친구는 물론 선배와 후배 여럿이 손을 들었어요.

그런데 이들 중 특이한 경험을 한 이들이 있었습니다. 신동초등학교로 온 지 얼마 되지 않아 논현초등학교로 전학해야 했던 이가 있는가 하면, 언주초등학교로 온 지 얼마 지나지 않아 양재초등학교로 가야 했던 이가 있었던 거죠.

슬렁 씨는 그들에게 혹시 또 이사한 거냐고 물어봤어요. 그들은 아니라고 했어요. 대신 학생이 너무 많아서 새로 개교한 학교와 학생들을 나눈 거라고 대답했지요.

서울 인구는 1960년대에 큰 폭으로 늘어났습니다. 통계청 자료를 종합하면, 1955년에 156만 명이었던 서울 인구가 1960년에

244만 명으로, 1966년에는 379만 명이 되었어요. 10년 만에 두 배가 넘게 증가한 것이지요. 게다가 이들은 거의 강북에 모여 살았어요.

그래서 정부는 강남 지역에 아파트단지와 주택단지를 건설하고, 주요 시설도 이전했던 겁니다. 그 후 강남으로 이주하는 사람이 많아지자 초등학생들도 함께 늘어났어요. 하지만 학생들이 얼마나 많아졌는지 학교를 새로 세워 전학을 보내야 할 정도였던 거죠.

그런데 슬렁 씨는 이들의 사연을 듣다가 이상한 점을 발견했습니다. 서초구에 있는 신동초등학교가 강남구에 있는 논현초등학교로 학생들을 보낸 거였고, 강남구에 있는 언주초등학교가 서초구에 있는 양재초등학교로 학생들을 보낸 거였습니다. 학군이 다른 지역인데 말이죠.

슬렁 씨는 두 학교에 관한 자료를 자세히 읽어 봤습니다. 그러고 보니 강남구만 있던 시절에 벌어진 일이었네요. 당시 서초구와 강남구는 하나의 행정구역이었어요. 그러니 학생을 나누기 수월했을 겁니다. 지금처럼 다른 학군이 아니라 같은 학군이었으니까요. 서초구는 1988년에야 탄생했는데, 이때부터 강남구와 서초구는 서로 다른 행정구역으로 구분하게 되었습니다.

이처럼 신동초등학교와 언주초등학교는 강남이 경기도였던 시절의 흔적입니다. 그뿐만 아니라 강남과 서초가 하나의 행정구역이었던 시절의 흔적도 보여 주고 있었어요.

도시탐험가 슬렁 씨는 서초구와 강남구 등 강남 지역을 갈 때마다 혹시 경기도 시절의 흔적이 남아 있는 건 없는지 주변을 두리번대곤 합니다.

하지만 없습니다. 다만 신동중학교나 언주중학교처럼 학교 이름과 언주로처럼 길 이름 정도로만 경기도의 흔적이 남아 있는 듯하네요.

강남이 영동으로 불리던 시절의 흔적은?

도시탐험가 슬렁 씨는 강남에 남은 영동의 흔적도 찾아보았습니다. 영동은 1970년대 초중반에 강남을 부르던 이름이었어요. 그래서 강남 개발을 위한 계획 이름도 영동지구 개발계획이었지요. 슬렁 씨는 강남이 더는 영동으로 불리지 않지만 어떤 흔적이 남았는지 궁금했어요.

'영동'은 영등포의 동쪽이라는 뜻입니다. 영등포구에 속했던 지금의 서초구가 영등포구의 동쪽 끝자락에 있어서 붙여진 이름이에요. 영동 개발이 시작될 때만 해도 영등포 일대는 서울의 한강 남쪽 중심지였어요.

이 계획에서 지금의 서초구 지역은 영동1지구로, 강남구 지역은 영동2지구로 구분했습니다. 당시는 각각 영등포구와 성동구에 속한 지역이었지요.

강남대로도 이때 뚫렸습니다. 영동1지구와 2지구 사이를 가르는 도로로 건설되었지요. 그런데 처음부터 이 도로를 강남대로라 부른 건 아니었습니다. 도로를 처음 깔았을 즈음인 1972년 11

1970년대 초반의 강남대로 1970년대 초반 강남대로는 '영동1로'라고 불렸는데, 가운데 교차로가 지금의 논현역사거리이고, 도로 오른쪽이 강남구 논현동, 왼쪽이 서초구 반포동이에요. (사진·서울역사아카이브)

1973년에 개장한 영동시장 2층에 영동출장소 사무실이 있었어요. 1974년 말에 촬영된 사진이에요. (사진·서울역사아카이브)

월에는 '영동1로'라는 이름이었어요. 그러니까 이 지역을 뜻하는 영동을 길 이름으로 쓴 거였지요.

영동시장도 마찬가지입니다. 영동시장 일대는 도시탐험가 슬렁 씨가 친구들을 만날 때 즐겨 찾는 동네입니다. 영동시장의 정식 이름은 영동전통시장인데, 강남이 영동으로 불렸던 시절의 흔적이기도 해요.

영동시장은 강남이 개발되던 초기 논현동의 강남대로 인근에 들어선 시장입니다. 도시탐험가 슬렁 씨가 논현동에서 오래 살아온 어르신에게 물어보니 농민들이 노점을 운영한 게 그 시작이었다고 합니다.

이분이 처음 논현동으로 이사한 게 1970년대 초반이었는데, 처음에는 시장이 없었다고 했어요. 그러다 논현동과 반포동의 농민들이 직접 키운 농산물 등을 가져다 팔았고, 그렇게 강남대로 주변과 논현동 골목 곳곳에 노점이 생기며 골목 시장으로 커졌다고 하네요.

처음에는 시장 이름조차 없었는데, 1973년 서울시에서 영동시장이라는 현대식 상가를 지으며 영동시장이라 불리게 된 거예요. 인근 골목의 노점까지 포함해서요.

영동시장 건물은 주상복합 건물이었어요. 지하 1층과 지상 1층에는 시장 점포들이 있었고, 3층부터 5층에는 아파트가 있었어요. 그리고 영동시장 건물 2층은 영동출장소 사무실이었지요.

1973년 7월에 문을 연 영동출장소는 지금의 강남구 영역인 성동구청 언주출장소와 서초구 영역인 영등포구청 신동출장소를 하나로 합친 거예요.

영동시장 건물은 강남대로 안쪽 골목에 있었어요. 하지만 이 건물은 예전에 헐리고 2012년에 새 건물이 들어섰습니다. 건물 앞에는 머릿돌이 있어요. 머릿돌에는 대개 건물의 간단한 역사가 새겨져 있어요. 이 건물의 머릿돌에는 '영동시장 재건축'이라고 쓰여 있습니다. 그러니까 이 머릿돌은 과거 영동시장 건물의 흔적이기도 한 거죠.

인근 골목들에 들어섰던 시장은 여전히 남아 있습니다. 영동시장은 장을 보는 전통시장이면서 다양한 맛집이 몰려 있는 먹자거리로도 유명한 곳이 되었습니다. 도시탐험가 슬렁 씨가 친구들을 만나는 장소가 바로 이 맛집들입니다.

옛 영동중학교 건물 양재역사거리에 있던 영동중학교는 서초구 우면동으로 이전하였고, 현재 그 자리는 서울시 교육연수지원센터와 서초 문화예술정보학교로 쓰이고 있어요.

    학교 이름에도 영동의 흔적이 남아 있습니다. 무엇보다 도시탐험가 슬렁 씨가 다닌 중학교가 그 흔적이에요. 슬렁 씨는 영동중학교에 다녔으니까요.

    1970년에 개교한 영동중학교는 지금은 서초구 우면동에 있지만, 그전에는 양재역사거리 근처에 있었습니다. 슬렁 씨가 중학생 시절이던 1970년대 말과 80년대 초반에 학교 인근은 '말죽거리'라고 불렸어요. 강남대로를 지나는 시내버스 노선표에도 말죽거리라고 쓰여 있었고요. 그래서 다른 지역에 사는 사람들은 영동이라는 이름보다는 말죽거리라는 이름이 더 익숙했을지도 모릅니다.

청담동에 있는 영동고등학교도 강남이 영동으로 불렸던 시절의 흔적입니다. 그러고 보니 이 학교를 세운 분은 강남 최초의 백화점이었던 영동백화점을 세우기도 했습니다.

이처럼 강남이 경기도였던 시절의 흔적이나 영동으로 불렸던 시절의 흔적은 이름 정도로만 남은 거 같습니다. 그래도 도시탐험가 슬렁 씨는 강남 이곳저곳을 어슬렁거리다가 생각지도 못한 옛 흔적을 발견하곤 합니다.

소도둑 추적대

③ 서초동의 소도둑 추적대

강남에 소도둑이 활개 친 시절이 있었어요. 도시탐험가 슬렁 씨가 이 사실을 알게 된 건 서초구 반포1동의 언구비 어린이공원에 있는 표지석 덕분이었습니다.

'언구비'라 쓰여 있는 표지석에는 조선 말기 이 동네에 도적들이 자주 나타나자 아홉 선비가 의병을 조직해 도적들을 소탕했다는 이야기가 담겨 있어요.

이 동네는 강남대로의 영동시장 맞은편 언덕 위에 있어요. 과거 항공사진을 보니 1972년 무렵만 해도 야산으로 보이고 집이 몇 채 없는 외진 곳이었어요. 지금은 집들로 빼곡하지만요. 슬렁 씨는 이 동네에 담긴 이야기가 궁금해서 자료를 더 뒤져 봤어요.

서초구 반포1동 언구비 어린이공원에 있는 '언구비' 조선 말 도적을 소탕한 아홉 선비의 공적을 기린 아홉 개의 비석이 이 동네에 있었다는 내용이 새겨져 있어요. 하지만 이 표지석은 2024년 여름 공원 정비 과정에서 없어졌어요.

    그런데 과거 신문에 나온 한 사건이 슬렁 씨의 호기심을 자극했어요. 1967년 2월 한 상인이 반포동에서 강도당한 사건이었어요. 기사에 나온 주소로 보아 사건이 일어난 곳은 지금의 영동시장 건너편 언덕인 듯해요. 그러니까 반포1동 주택가의 언구비 표지석이 있는 공원 주변이었지요.

    당시 경찰은 이 사건을 밀도축과 관련 있다고 여겼습니다. 밀도축은 허가 없이 몰래 가축을 잡는 걸 말하는데, 범인이 사용한 흉기가 소를 잡을 때 쓰는 도끼인데다 범행 현장이 밀도축이 성행한 지역과 가까웠거든요.

그러니까 지금의 강남대로와 가까운 곳에서 밀도축이 많이 벌어졌다는 겁니다. 다른 기사들을 살펴보니 때로는 남의 가축을 훔쳐서 밀도축했다고도 하네요.

슬렁 씨는 과거 강남에서 벌어진 밀도축 사건들이 흥미로워 신문 기사를 계속 검색해 봤어요. 그런데 강남에 소도둑이 나타났단 기사가 눈에 띄었어요. '바늘 도둑이 소도둑 된다'라는 표현처럼 상징적 의미의 소도둑이 아니라 살아 있는 황소를 훔친 진짜 소도둑이었어요.

도시탐험가 슬렁 씨는 1972년 6월 16일 《조선일보》에 실린 '황소 도둑 잡자, 새벽 마을 비상' 기사를 읽으며 그날 새벽에 벌어진 소도둑 추적 작전을 떠올려 봤습니다.

서초동에 나타난 소도둑과 추적대

1972년 6월 15일 새벽 4시, 서초동에 사는 농민 왕씨는 이상한 느낌에 눈을 떴습니다. 개가 짖고 있었으니까요.

"황소가 기척이 없어 이상했지요. 개집 옆에 외양간이 있어 개가 짖으면 황소가 함께 울었거든요."

아니나 다를까, 외양간의 황소는 사라진 뒤였습니다.

"텅 빈 외양간을 보자 가슴이 철렁했지요. 요즘 소도둑이 출몰한다는 뉴스가 많았거든요. 그래서 문단속을 단단히 했는데도 황소를 도둑맞아 버렸네요. 녀석은 우리 논 모내기뿐 아니라 동네 논의 모내기까지 도맡았던 일꾼이었는데 말이죠."

왕씨는 떨리는 가슴을 진정시켰습니다. 그리고 소도둑을 쫓아가 황소를 찾아와야겠다고 마음먹었습니다. 농사꾼에게 황소는 일꾼이면서 소중한 재산이기도 했으니까요.

왕씨는 우선 가족들을 깨운 후 전화 있는 이웃들에게 연락해 도움을 요청했습니다.

"이른 새벽인데도 동네 청년 70여 명이 모였어요. 이들을 여러 개의 조로 나눠서 소도둑을 추적했지요."

왕씨가 사는 마을은 오늘날 서울 남부터미널 인근에 있었습니다. 1972년까지만 해도 170여 가구가 모여 사는 농촌 마을이었습니다. 소도둑 추적대는 사당동 방면과 송파 방면, 그리고 신사동과 반포동 방면 등으로 나뉘어 추적에 들어갔습니다.

얼마 지나지 않아 소도둑 추적대는 신사동 방면의 길에서 소도둑의 흔적을 찾았습니다. 진흙에 찍힌 소 발자국을 발견한 거죠. 발자국은 논과 밭, 그리고 당시 한창 공사 중이던 영동지구개발 현장을 지나고 있었습니다.

"소도둑들은 아마도 주택가를 피해 가려고 했던 거 같아요. 사람들 눈길을 피하려고 포장된 길이 아닌 데로 가다 보니 발자국이 찍혔던 거겠죠."

그렇게 추적대는 소 발자국을 따라 소도둑을 쫓아갈 수 있었습니다.

"황소 발자국이 칠성사이다 공장을 지나서 한남대교로 향하는 큰길에 들어서더니 다시 반포동 쪽의 야산으로 향하더라고요. 그렇게 전나무골의 소도둑 소굴까지 따라갔지요."

왕씨와 추적대가 소도둑을 쫓아간 길은 오늘날 강남의 중심가입니다. 칠성사이다 공장은 강남역과 교대역 사이의 롯데칠성 부

지를 말하고, 한남대교로 향하는 큰길은 강남대로를 의미합니
다.

그리고 반포동 쪽 야산은 강남대로 인근 반포1동 언덕에 자리
한 주택가로 보입니다. 앞에서 이야기한 강도 사건 현장 부근, 즉
언구비 표지석이 있는 공원 근처이기도 하고요.

그리고 소도둑 일당이 숨어든 '전나무골'은 지금의 반포1동
주민센터 부근을 말합니다. 1976년에 문을 연 강남고속버스터미
널과 가까웠던 전나무골은 당시에는 낮은 산으로 둘러싸인 외진
동네였지요. 그렇게 왕씨와 마을 청년들로 구성된 소도둑 추적대
가 쫓아간 길이 약 4km였습니다.

그런데 왕씨의 황소는 어떻게 되었을까요?

"소도둑 소굴을 덮치고 보니 이미 황소를 도축한 뒤였어요. 살
아 있으면 좋았겠지만 늦어버렸네요. 그래도 이렇게 이른 새벽에
자기 일처럼 나서 준 동네 청년들에게 고마울 따름이었지요."

비록 왕씨는 허탈했겠지만, 마을 사람들이 힘을 합쳐 소도둑
일당을 잡고 밀도축 소굴을 찾아낸 걸 위안 삼았을 겁니다.

도시탐험가 슬렁 씨는 1972년 서초동의 소도둑 추적대 이야기

에서 당시 강남 지역에 '마을 공동체 의식'이 남아 있었다는 걸 알 수 있었어요. 무엇보다 전화가 흔치 않았던 시절에, 그것도 이른 새벽에 마을 주민 70여 명이 소도둑 추적에 참여했으니까요. 모내기와 추수 때처럼 서로 돕는 농촌 마을의 공동체 의식을 여실히 보여 준 사례이기도 했지요.

소도둑보다 더 큰 도둑은 누구?

농사를 황소에 의지하던 시절, 농민에게 황소는 큰 재산이었어요. 황소를 팔면 등록금을 댈 수 있어 대학을 '우골탑(牛骨塔)'으로 부르던 시절도 있었지요. 우골탑은 소뼈로 쌓은 탑이라는 의미예요. 소를 팔아 대학 등록금을 대는 교육열을 상징하는 단어로, 대학을 의미하기도 했지요. 그래서 농부에게 전부일 수도 있는 황소를 훔친다는 건 도둑질 중에서도 가장 질이 나쁜 도둑질에 속할지도 모릅니다.

그래서 소도둑은 큰 도둑을 상징하기도 해요. '바늘 도둑이 소도둑이 된다'라는 속담이 이를 빗댄 거죠.

물론 소도둑이 출몰하던 농촌 시절의 강남은 오래전에 사라졌어요. 대신 오늘날 강남 지역은 세금 도둑이 많은 동네가 된 것 같지만요.

2022년 국세청 자료를 종합해 보면, 전국의 133개 세무서 중 세금 체납액이 가장 많은 데가 강남세무서라고 해요. 강남세무서가 담당하는 구역에서 세금을 내지 않은 주민과 회사가 많다는 걸 의미하지요.

그리고 세금 체납액 상위권 5위 안에 삼성세무서, 서초세무서, 역삼세무서 등 네 개가 포함되었어요. 모두 강남구와 서초구에 속한 지역이네요.

소도둑을 잡은 서초동 주민들이 화제가 된 적이 또 있어요. 1972년 7월 14일 《조선일보》의 '서초동 새마을 자치방범대' 기사를 보면 같은 마을에 전봇대의 전선을 끊어가는 도둑이 나타났는데, 주민들이 합세해 전선 도둑을 잡아버렸다고 하네요.

서초동 주민들이 합심해 소도둑과 전선 도둑을 잡은 건 이 마을 사람들이 용감해서였을까요?

물론 그렇기도 했겠지만, 당시 강남 지역에 치안력이 부족했던 현실을 보여 주는 사례이기도 해요.

소도둑을 잡았을 때는 강 건너 동부경찰서 소속 경찰이 달려왔고, 전선 도둑을 잡았을 때는 노량진 경찰서에서 표창을 내렸습니다. 동부경찰서는 나중에 광진경찰서가 되었고 노량진 경찰서는 동작경찰서가 되었어요. 두 경찰서 모두 사건이 벌어진 서초동과는 거리가 멀지요.

당시 강남 일대의 치안을 담당하는 경찰서가 없어서 인근 지역 아니면 심지어 강 너머 지역에 있는 경찰서의 도움을 받아야 했던 시절이었습니다. 때로는 직접 나서야 했던 시절이기도 했고요.

그런데 서초동에서 소가 사라졌다면, 논현동에서는 자작나무가 사라졌어요.

논현동 자작나무

4 연기처럼 사라진 논현동 자작나무

"여기서 뭐 하고 있는 겁니까?"

도시탐험가 슬렁 씨를 불러 세우는 목소리가 들렸어요.

슬렁 씨는 서울 강남구의 논현동 주택가를 어슬렁대는 중이었어요. 그 골목에는 예전에 대통령이었던 분도 살고 있는데, 그 집을 지키고 있는 경호원의 목소리였어요.

슬렁 씨는 600살 먹은 자작나무를 찾고 있다고 대답했지요. 경호원은 이 동네에 그런 나무는 없다며 슬렁 씨가 왜 그러고 다니는지 꼬치꼬치 캐물었어요. 슬렁 씨는 기다렸다는 듯 '논현동 자작나무' 이야기를 풀어놓았지요. 잠시 듣던 경호원은 슬렁 씨를 이상한 사람인 양 쳐다보고는 그냥 자리를 떠났고요.

논현동 자작나무를 찾아라!

혹시 논현동 자작나무 이름을 들어 본 적 있나요? 아마도 없을 겁니다. 하지만 도시탐험가 슬렁 씨는 이 나무의 이름은커녕 있었는지조차 모르는 사람이 많은 데도 논현동 자작나무를 찾아다녔어요.

분명한 건 50여 년 전 서울 강남구 논현동에 멋진 자작나무 한 그루가 있었다는 거예요. 이 자작나무는 성사목(成事木)으로 유명했다고 해요. 소원을 빌면 노총각이나 노처녀에게는 짝이 나타나고, 홀아비나 과부에게는 새로운 인연이 생긴다나요.

도시탐험가 슬렁 씨가 논현동 자작나무를 알게 된 건 '이상한 변호사 우영우'라는 드라마 덕분이었어요.

2022년에 방영된 '이상한 변호사 우영우'에는 수백 살 먹은 팽나무가 등장해요. 멋지게 흐드러진 이 팽나무는 드라마 속 마을을 오래도록 지켜온 데다 주민들에게는 고향의 상징이기도 했대요. 그런 팽나무가 도로 건설로 뽑힐 지경이 되자 마을 주민들과 우영우 변호사가 힘을 합쳐 팽나무를 지켜내는 이야기였어요.

슬렁 씨는 드라마에 나온 팽나무를 보는 순간 1970년대 강남

논현동 주택가 강남이 개발되기 전 논현동은 농촌 마을이었어요. 사진의 논현동 주택가는 과거 '논현동 자작나무'가 있던 곳으로 짐작되는 곳이에요.

풍경이 떠올랐어요. 1976년 슬렁 씨가 이사한 강남구 역삼동의 아파트단지 근처에 전통 마을이 여럿 있었는데 그 앞에 고목들이 있었던 게 기억난 거였지요.

혹시나 이 나무들 소식을 알 수 있을까 해서 슬렁 씨는 인터넷을 뒤져 봤어요. 그러다 논현동 자작나무를 알게 되었고요. 오래전 신문 기사 두 편을 통해서요.

그중 1972년 8월 14일 《중앙일보》에 실린 '그 전설과 관리 실태-논현동 자작나무' 기사에는 이 나무에 담긴 전설이 담겨 있었습니다. 논현동 자작나무가 예로부터 성사목으로 유명했다고요. 하지만 1970년대 초반 강남 개발로 농촌이었던 논현동이 변해 가는 모습도 담겨 있었습니다. 논현동 언덕의 울창했던 나무들이 뽑히고 자작나무만 쓸쓸하게 서 있다면서요.

1973년 4월 5일 《경향신문》에 실린 '생동하는 푸른 의지' 기사에는 논현동 자작나무의 정보가 담겨 있었습니다. 높이가 18미터에 Y자 모양으로 생긴 이 자작나무는 600년 넘게 살아온 고목이라 서울시에서 지정한 보호수라고요.

그리고 이 기사에는 논현동 자작나무의 사진도 실려 있었습니다. 비록 작은 사진이었지만 신비로움을 간직한 나무인 건 틀림없어 보였지요.

도시탐험가 슬렁 씨는 혹시 논현동 자작나무가 등장하는 다른 신문 기사나 자료가 더 있을까 찾아봤어요. 하지만 두 편의 기사 외에는 없었지요. 강남의 다른 보호수들에 관한 기사는 여럿 찾을 수 있었지만 논현동 자작나무는 홀연히 사라지고 말았어요. 마치 연기처럼요.

슬렁 씨는 그래서 더욱 호기심이 났나 봅니다. 전설이 깃든 커다란 고목이었으니까요. 그러니 존재감을 자랑했을 텐데 아무런 흔적을 남기지 않고 사라질 리 없다는 생각이 든 거죠. 그래서 도시탐험가 슬렁 씨는 '논현동 자작나무'를 찾아보기로 했습니다.

슬렁 씨는 우선 논현동에 사는 선후배들에게 물어봤어요. 그들은 1970년대 혹은 80년대부터 논현동에서 살고 있었지만 논현동 자작나무의 이름은 들어 본 적이 없다고 했지요. 더 많은 이에게 물어볼 필요가 있었어요.

슬렁 씨는 논현동에서 오래 산 어르신들을 찾아다니며 혹시 논현동 자작나무를 아느냐 물어봤지요. 다들 모른다고 대답했고요. 과거 신문 기사에 나온 단서를 갖고 논현동 주택가를 싹 훑기도 했어요. 그래도 논현동 자작나무의 흔적은 물론 기억하는 이조차 찾을 수 없었지만요.

그런데 논현동 자작나무가 서울시에서 지정한 보호수였으니 혹시 보호수를 관리하는 구청은 알고 있지 않을까요? 그래서 슬렁 씨는 강남구청에 가서 물어봤지요.

하지만 보호수 담당 공무원은 "과거 자료를 다 뒤져도 논현동 자작나무에 관한 기록은 나오지 않네요"라고 했어요. 다만 그는 "논현동 자작나무가 죽어서 뽑힌 건 아닐까요?" 하고는 "보호수가 죽으면 보호수 지정에서 해제되는데, 그러면 베거나 뽑을 수 있습니다"라고 말했지요.

이 말이 슬렁 씨 귀에서 계속 맴돌았어요. 논현동 자작나무가 죽어서 보호수 지정에서 해제되었을 수도 있다는 뜻이기도 했으니까요.

그렇다면 논현동 자작나무는 뽑혔을 가능성이 컸어요. 그러니 논현동 일대를 샅샅이 훑고 다닌 슬렁 씨의 눈에 띄지 않았던 거겠지요.

항공사진으로 본 논현동 일대의 변화

논현동 자작나무는 어떻게 되었을까요? 도시탐험가 슬렁 씨는 알아낼 방법이 없는지 머리를 쥐어짰어요. 그 순간 슬렁 씨는 혹시 논현동 자작나무가 항공사진에 찍히지는 않았을까 하는 생각이 번뜩였지요.

'국토지리정보원' 사이트에 가면 전국 주요 지역의 항공사진을 볼 수 있습니다. 서울시의 경우 1972년부터 최근까지 매년 촬영한 항공사진을 제공하고 있지요.

다만 항공사진은 위에서 내려다보는 사진이라 정확한 모양을 가늠하기는 어려워요. 그래도 도로 모양이나 골목 모양은 정확히 보입니다. 여러 해에 걸쳐 촬영한 항공사진을 놓고 보면 그 지역이 변화하는 모습을 비교할 수 있지요.

슬렁 씨는 논현동 일대의 항공사진을 검색해 보았어요. 항공사진으로 본 1972년의 논현동 일대는 산자락처럼 보입니다. 경사진 언덕 곳곳에 농경지가 보이고, 농경지 사이로 주택들이 들어서는 모습을 볼 수 있지요.

도시탐험가 슬렁 씨는 항공사진에서 논현동 자작나무가 있는 지점으로 짐작되는 곳을 조심스레 확대해 보았어요. 1972년과 1973년에 촬영한 항공사진은 어둡게 보여 확인하기 어려웠습니다. 그런데 1974년에 촬영한 항공사진에 자작나무로 보이는 나무의 윤곽이 보였습니다.

슬렁 씨는 그 지점을 더 확대해 봤어요. 그러자 신문에 실린 사진과 똑 닮은 모습의 나무가 나타났습니다. 논현동 자작나무가 분명해 보였어요. 과거 신문 기사에 나온 묘사처럼 굵은 밑동에 가지들이 Y자로 뻗어나간 나무가 또렷하게 보였지요. 과연 신비로워 보이는 자작나무였어요. 절로 소원을 빌고 싶을 만큼 영험 있어 보이기도 했지요.

슬렁 씨는 다른 해의 항공사진도 검색해 봤어요. 그렇게 1975년과 1976년 그리고 1977년에 촬영한 항공사진에서도 논현동 자작나무를 확인할 수 있었습니다.

그러나 1978년 항공사진에서는 보이지 않았지요. 그러니까 논현동 자작나무가 1977년 항공사진에 찍힐 때까지는 살아있었던 겁니다. 하지만 그 후 죽었고, 보호수에서 해제되어 1978년 항공사진이 찍히기 전에 뽑힌 걸로 보입니다.

1974년 논현동 자작나무 자작나무(노란색 원) 주변으로 농경지가 보여요. (사진·국토지리정보원)

1977년 논현동 자작나무 자작나무(노란색 원) 주변에 주택이 늘어나고 있어요. (사진·국토지리정보원)

1978년 논현동 자작나무 자작나무 있던 자리(노란색 원)에서 자작나무가 사라졌어요. (사진·국토지리정보원)

1973년 논현동 일대 사진 가운데 교차로가 지금의
논현역사거리로, 논현동과 반포동 일대에 농경지가 많이
보여요. (사진·국토지리정보원)

1974년 논현동 일대 논현동과 반포동 일대의
농경지에 주택들이 많이 들어선 것을 볼 수 있어요.
(사진·국토지리정보원)

그런데 과거 항공사진을 살펴보던 도시탐험가 슬렁 씨는 논현동 일대의 변화가 인상적으로 느껴졌어요. 1970년대 초반에는 논현동 자작나무 주변으로 농가 몇 채와 농경지만 보였어요. 하지만 해가 갈수록 자작나무 주변으로 집들이 늘어나는 게 보였지요. 그리고 논현동 자작나무가 사라진 뒤 논현동 언덕배기는 주택가가 되어 갔고요.

슬렁 씨는 특히 논현역사거리 일대의 변화가 놀라웠어요. 1973년 항공사진만 하더라도 논현동과 반포동 일대는 농경지가 많이 보였어요. 그런데 1974년 항공사진을 보면 이들 지역에 주택들이 많이 들어선 걸 볼 수 있었어요. 불과 1년 만인데 변화가 무척 커 보였지요.

논현동 자작나무를 다룬 과거 신문 기사로 미루어 보면 논현동은 나무로 울창했었고 전통 마을도 있었습니다. 그랬던 논현동이 영동지구개발 구역에 속해 개발되었습니다. 그래서 숲과 농경지와 전통 마을이 주택가가 되어 갔습니다. 비록 강남 개발로 논현동 자작나무는 사라졌지만, 그래도 도곡동 느티나무는 살아남았어요.

역말 도당제

5 도곡동의 아파트에서 열린 마을 제사

선비 차림의 노인들이 모여들고 있어요. 이들이 향한 곳은 공원인데, 거기에는 느티나무 한 그루가 있어요. 나무 앞에는 제단이 차려져 있고요.

도시탐험가 슬렁 씨는 역말 도당제가 열리는 현장에 나와 있어요. '역말'은 마을 이름이고, '도당제'는 마을 제사를 의미해요. 그러니까 '역말 도당제'는 역말에서 주민들이 함께 지내는 제사를 말해요.

역말 도당제가 열리는 공원은 강남구 도곡동의 어느 아파트단지 안에 있어요. 도당제 같은 마을 제사는 대개 농촌 지역에서 열리는데, 서울에서도 강남 한복판에서 열리고 있네요.

2022년 11월 5일에 열린 '역말 도당제' 과거 역말이 있었던 강남구 도곡동의 한 아파트 단지에서 매년 거행되는 마을 제사예요.

제단이 차려진 느티나무는 750살이 넘은 고목이고, 1968년 서울시 보호수로 지정되었어요. 사람들은 이 나무를 '도곡동 느티나무'라 불러요.

어느 효자의 전설이 깃든 도곡동 느티나무는 역말 사람들이 신성시해 온 나무라고 해요. 역말도 이 느티나무만큼이나 오랜 역사를 가졌고요. 그런데 도곡동의 아파트단지와 역말은 어떤 관계가 있는 걸까요?

강남의 옛 동네 '역말'과 '말죽거리'

'역말'은 역(驛)에 있는 마을을 의미해요. 여기서 '역'은 열차나 전철을 타고내리는 역이 아닌, 말을 갈아탈 수 있는 '역참(驛站)'을 말하는 거예요.

과거에 말은 교통수단이면서 통신수단이었어요. 조정에서 정한 정책을 지방 관아에 전달하려면, 혹은 지방의 업무를 조정에 보고하려면 그 내용이 담긴 문서를 사람이 직접 말을 타고 다니며 전하는 게 빨랐으니까요. 그래서 주요 길목마다 역이나 역참을 설치해 말을 관리했지요. 암행어사들이 지니고 다녔던 마패는 신분증이면서 역에서 말을 갈아탈 수 있는 증표이기도 했고요.

그런 역참 인근에 있는 마을을 '역말' 혹은 '역촌(驛村)'이라고 했어요. 그러니까 도당제가 열리고 있는 역말은 조선시대에 '양재역(良才驛)'이라는 역참 근처에 들어선 마을이었어요.

양재역은 한양에서 삼남 지방, 즉 충청도, 전라도, 경상도로 가는 길목에 있었어요. 반대로 삼남 지방에서 한양으로 가는 길목이기도 했고요. 지금의 양재역사거리에 가면 '양재역 터' 표지

양재역사거리에 있는 '양재역 터' 표지석 조선시대에 양재역은 한양에서 삼남지방(충청도, 전라도, 경상도)으로 가는 길목에 있었어요.

석이 있어요. 그리고 보면 옛날에 양재역이라는 역참이 있던 부근에 같은 이름의 지하철역이 생긴 거였네요. 같은 한자를 쓰기도 하고요.

그리고 인근의 사도감 어린이공원에는 '사도감 터' 표지석이 있어요. '사도감'은 조선시대에 양재역을 지나는 사또들이 머무는 곳이었대요.

이처럼 양재역 일대는 한양과 지방을 오가는 사람들이 쉬어

'말죽거리' 표지석 '말죽거리'는 한양과 지방을 오가는 사람들이 쉬어 가며 타고 온 말에게 죽을 쑤어 먹이던 동네였어요.

가는 곳이기도 했어요. 이들은 타고 온 말에게 죽을 쑤어 먹이며 다음 여정을 준비하곤 했고요. 그래서 말죽거리라는 동네가 생겼 대요.

그런데 '말죽거리'는 무슨 뜻일까요? 말죽거리라는 단어 자체 가 이미 그 뜻을 품고 있어요. 말과 죽 그리고 거리. 즉 '말이 죽 을 먹는 거리'라는 혹은 '말죽을 쑤는 동네'라는 의미이지요.

말죽거리도 지금의 양재역사거리 인근에 있었어요. 강남대로를 기준으로 강남구와 서초구가 나뉘는 곳이기도 해요. 말죽거리의 흔적은 표지석과 표지판 정도로 남아 있는데, 강남구와 서초구 양쪽 모두에서 이들 표식을 볼 수 있어요. 마치 말죽거리 종주권을 강남구와 서초구가 서로 주장하듯이요.

'역말'은 이 지역의 중심지였대요. 이 일대가 아직 경기도 광주군이었던 1962년까지만 하더라도 역말에 언주면사무소가 있었으니까요. 앞에서 이야기한 언주초등학교도 역말과 가까운 곳에 있고요. 그런 역말은 '역삼동(驛三洞)'이라는 이름의 유래가 되었어요. 과거 양재역 주변에 있었던 말죽거리, 방아다리, 역말 등 세 마을을 합쳐 '역삼리'라고 동리 이름을 지었으니까요. 이름 자체가 역참 인근의 세 마을을 합쳤다는 의미였어요. 그러니까 강남구 역삼동은 1962년까지만 해도 경기도 광주군 언주면 역삼리였던 거죠.

말죽거리는 지금의 양재역사거리 일대, 방아다리는 지금의 역삼초등학교 주변, 역말은 지금의 도곡1동 주민센터 인근이에요.

그리고 보니 역말은 역삼동 이름의 유래가 되었지만, 지금은 도곡동에 속해 있네요. 현재 도곡1동 주민센터가 있는 자리가 과거에 언주면사무소가 있던 자리였다고 해요.

강남의 아파트단지 옆 농촌 마을

역말 도당제를 지켜보던 도시탐험가 슬렁 씨는 역말의 옛날 모습이 떠올랐어요. 1979년 말죽거리에 있는 영동중학교에 입학한 슬렁 씨는 걸어서 등하교했는데, 늘 역말을 지나가야 했거든요.

슬렁 씨가 역삼동 아파트단지의 집을 나서면 지금의 뱅뱅사거리로 가는 비포장도로가 나왔어요. 학교 쪽으로 걸어가다 보면 오른쪽으로 역삼동 주택단지가 보였고, 왼쪽으로 매봉산이 보였어요. 역말은 매봉산 자락에 있었고요. 역말은 주변의 아파트단지나 주택단지와는 분위기가 사뭇 다른 동네였어요. 농촌 풍경 그 자체였지요.

역말 한가운데에는 농경지가 있었어요. 농경지 양옆으로는 농촌에서나 볼 수 있는 그런 집들이 늘어서 있었고요. 그리고 말죽거리 쪽 역말 입구에는 커다란 느티나무 한 그루가 서 있었지요.

맞아요. 역말 도당제가 열리고 있는 바로 그 느티나무에요. 슬

역말 도당제가 열리는 '도곡동 느티나무' 도곡동 느티나무는 750살이 넘은 고목으로, 높이가 약 27미터에 너비가 약 8미터나 돼요.

렁 씨가 중학생 시절 보았던 농촌 마을은 아파트단지로 변했고, 느티나무만 남아 있는 거였어요. 역말의 느티나무, 즉 도곡동 느티나무는 높이가 약 27미터, 너비가 약 8미터입니다. 흐드러진 가지들의 너비까지 포함하면 느티나무 영역은 사방으로 수십 미터나 되지요. 도곡동 느티나무 앞에서 제사를 지내고 있는 선비 차림의 노인들은 모두 역말 출신들입니다. 이들은 강남이 개발되기 전 아주 오래전부터 역말에서 터 닦고 살아온 농부들의 후예이지요.

항공사진으로 본 역말 일대의 변화

　도시탐험가 슬렁 씨는 역말 일대를 촬영한 항공사진을 찾아 봤습니다. 1972년 항공사진을 보니 역삼동 이름의 유래가 되었던 세 마을의 모습이 잘 나와 있어요. 슬렁 씨 기억처럼 역말 가운데에 농경지가 있고, 마을 주변으로도 농경지가 넓게 펼쳐져 있네요. 그리고 면사무소였던 건물이 보이고, 언주초등학교와 은광여고도 뚜렷하게 보여요.

　그런데 1978년의 항공사진에는 많은 변화가 보였어요. 역말 주변으로 아파트단지와 주택단지가 들어섰거든요. 하지만 역말은 1972년 항공사진과 비교하면 크게 변하지 않았어요.

　슬렁 씨는 과거 신문도 뒤져봤어요. 신문 기사들을 종합하면, 역말 일대는 1980년대부터 재개발 소문이 나기 시작했는데 1990년대 이후에야 아파트단지로 개발되기 시작했대요. 반대하는 땅 주인들도 있었고, 때로는 느티나무 처리 문제로 의견이 갈려 개발이 늦어졌다고 하네요.

　그러니까 도곡동 느티나무가 역말 재개발에 걸림돌이 되었다

1972년 역말 일대 역말 가운데에 농경지가 있고, 마을 주변으로도 농경지가 넓게 펼쳐져 있어요. (사진·국토지리정보원)

1978년 역말 일대 마을 주변으로 아파트단지와 주택단지가 들어선 모습을 볼 수 있어요. (사진·국토지리정보원)

는 겁니다. 750살이 넘은 이 느티나무는 서울시에서 관리하는 보호수여서 베거나 뽑을 수 없었으니까요.

그래서 도곡동 느티나무는 봉변당하기도 했어요. 1995년경 누군가가 독극물을 주입해 죽이려 했거든요. 하지만 이런 위기를 겪고도 도곡동 느티나무는 살아남았지요.

결국 2001년 느티나무 주변을 공원으로 만들며 아파트가 완공되었어요. 강남구 도곡1동 주민센터 근처에 있는 경남아파트가 바로 그곳이에요.

도곡동 느티나무는 현재 아파트단지 공원 안에서 보호되고 있고, 매년 가을이면 역말 사람들이 느티나무 앞에 모여 도당제를 지내고 있어요.

강남의 아파트단지에서 선비 차림의 노인들이 지내는 마을 제사는 낯선 풍경입니다. 하지만 강남에 아파트가 생기기 오래전부터 전통 마을이 있었고, 그곳에서 토박이들이 살아왔다는 증표이기도 합니다.

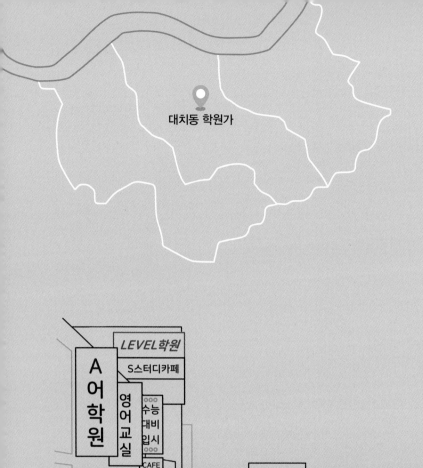

대치동 학원가

LEVEL학원
S스터디카페
A어학원
영어교실
수능대비입시
CAFE
SMART 논술
MATH 수학

6 학원가로 변한 대치동 농촌 마을

"민속촌이 사라졌군!"

도시탐험가 슬렁 씨가 촬영한 대치동 구마을 사진을 본 그의 고등학교 동창들이 보인 반응이에요. 슬렁 씨는 대치동 구마을이 개발되고 있다는 소식을 접하고는 대치동 일대를 탐험하고 다니는 중이었어요.

여기서 민속촌은 대치동에 있었던 전통 마을을 의미해요. 1980년대에 휘문고등학교 학생들이 학교 근처에 있었던 이 마을을 민속촌이라 불렀어요. 아파트가 들어선 주변 동네와 달리 아직 전통 마을의 모습을 하고 있어서 그렇게 불렀던 거예요.

그런데 슬렁 씨와 그의 친구들이 민속촌으로 기억하고 있는

현재 대치동 구마을 일대 2024년 6월 대치동 구마을 재건축이 완료된 구역이 있는가 하면 재건축 공사가 진행 중인 구역도 있어요.

이 동네가 언제부터인가 '대치동 구마을'로 불리고 있었어요. 구마을은 신마을, 즉 강남 개발 과정에서 들어선 새로운 마을과 비교된다는 의미에서 붙인 이름이에요.

그러고 보면 40여 년 전 대치동은 전통 마을과 아파트단지가 함께 있는 모습이었네요. 현재 학원이 많기로 유명한 대치동에도 강남 토박이들이 살던 마을이 있었던 거예요.

대치동 큰 언덕에 들어선 전통 마을

도시탐험가 슬렁 씨는 그 지역의 역사를 공부할 때 먼저 김정호의 《대동여지도》를 찾아봐요. 과거에 불렸던 이름을 알 수 있고, 다른 고을과 연결되는 길을 확인할 수 있으니까요. 《대동여지도》는 서울대 '규장각한국학연구원' 사이트에 가면 누구나 이용할 수 있어요.

그런데 《대동여지도》에 '대치'라는 지명이 보이지 않았어요. 다만 '학탄(鶴灘)'이라는 오늘날 지하철 학여울역 이름의 유래가 된 지역만 표시되었고요. 《대동여지도》에 이름이 없는 걸로 보아 대치 일대가 옛날에는 지도에 기록할만한 고을이나 길이 없는 외진 곳이었나 봐요.

'대치(大峙)'는 큰 언덕을 의미하는 우리말 '한티'를 한문으로 옮긴 거예요. 휘문고등학교에는 '한티 축제'가 있고, 수인분당선 지하철에는 한티역이 있어요. 한티, 즉 대치동 큰 언덕은 지금의 대치2동에서 휘문고등학교 방향으로 올라가는 언덕을 말해요.

구마을은 대치동의 큰 언덕 한편에 있어요. 탄천과 양재천이 만나는 지점에 자리한 대치동은 과거에 장마철이면 물이 넘치곤

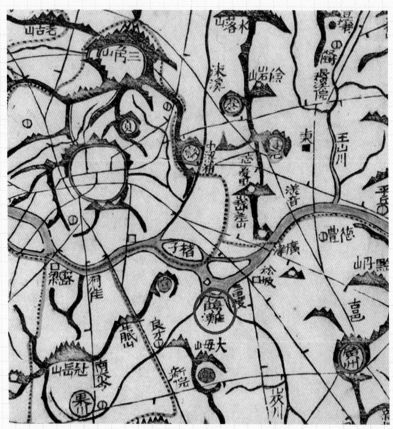

《대동여지도》대치동 일대 '대치'라는 지명은 보이지 않고 양재천과 탄천이 만나는 지점에 '학탄(鶴灘)'이라는 지명만 보이는데(붉은색 원 부분), 학여울의 유래가 된 이름이에요. (사진·규장각한국학연구원)

했대요. 그래서 고지대인 언덕에 마을이 들어선 거라고 해요. 서울시 자료에 따르면, 정확한 시기는 알 수 없지만 아주 오래된 마을이라고 하네요.

해방 후 대치동 일대는 서울 도심에 채소류를 공급하는 근교 농업이 활발했어요. 그런데 그 시절 강남과 강북을 연결하는 운송 수단으로는 주로 배를 이용했대요. 1960년대까지만 해도 한강에 다리라고는 용산의 한강대교, 합정동의 양화대교, 천호동의 광진교 정도만 있었거든요. 그래서 강남에서 강북으로 가려면 배를 이용하는 게 더 편했다고 해요.

대치동의 농민들은 강북의 뚝섬 나루터와 연결되는 청담동의 청숫골 나루터를 주로 이용했다고 해요. 청숫골 나루터는 뚝섬 나루터와 연결되었는데, 오늘날 영동대교와 비슷한 경로로 나룻배가 다녔다고 해요. 당시 대치동에서 청담동으로 가려면 먼저 대치동의 큰 고개를 넘은 후, 삼성동 봉은사 근처에서 청담동 방향으로 또 고개를 넘어가야 했어요.

슬렁 씨가 그 언덕길을 직접 걸어 보니 숨이 차고 다리가 아팠어요. 만약 트럭이 아니라 우마차에 농산물을 싣고 이 언덕들을 넘는다면 무척 멀고 험한 길이었을 거예요.

그래서일까요. 대치동 인근 탄천에도 나루터가 있었던 시절이 있었대요. 대치동 구마을 주민들을 인터뷰한 서울시 자료를 보니까, 지금의 탄천2교 부근에 뚝섬으로 농산물을 나르는 나루터가 한동안 있었다고 하네요.

도시탐험가 슬렁 씨는 과거 신문에서 대치동에 관한 이야기들을 찾아보았어요. 그중에서 1972년 6월 21일 《경향신문》의 '사재로 탁아소 마련' 기사는 대치동이 농촌이었음을 알려 주었어요. 이 기사에 따르면, 대치동의 한 주민이 자기 집에 탁아소를 열었다고 해요. 농번기 주부들을 위해 4H 클럽 회원들의 도움을 받아서 30명의 아기를 돌본다는 소식을 전했지요.

이 기사에 쓰인 '농번기'와 '4H 클럽'이라는 단어가 당시 대치동이 농촌이었다는 걸 보여 주고 있었어요.

4H 클럽은 농촌 계몽 운동을 전파하는 국제적 단체예요. 그러니까 1972년까지만 해도 농촌 계몽 활동을 하는 4H 클럽이 대치동에 있었던 거죠. 슬렁 씨는 서울시에서 대치동 구마을을 조사한 자료집에서 '대치 4H 구락부'라고 쓰인 표석 사진을 확인할

수 있었어요.

슬렁 씨는 이 기사에 나온 탁아소의 주소가 지금은 어디인지 찾아보았어요. 그 주소를 지도 사이트에서 검색도 했고요. 그런데 대치동 구마을이라는 지명과 함께 휘문고등학교와 은마아파트 사이에 자리한 동네가 지도에 뜨는 거예요.

그러니까 민속촌으로 불렸고 대치동 구마을로 불리는 이 동네는 최소한 1972년까지는 농촌 마을이었어요. 게다가 30명의 아기가 있는 제법 큰 규모의 마을이었지요.

농촌 마을은 아파트단지로 변하고

슬렁 씨가 대치동 구마을 일대를 탐험하기 시작한 건 재개발 소식을 들은 2022년부터였어요. 대치동을 지난 적은 많았지만, 구마을 안쪽으로 들어가 본 건 고등학교를 졸업하고 거의 40년 만이었지요. 그런데 많은 게 변했어도 변하지 않은 게 하나 있었어요. '대치동 은행나무'는 그대로였어요.

대치동 은행나무는 서울시에서 보호수로 지정한 나무예요. 530살을 넘게 먹은 대치동 은행나무는 오랜 세월을 겪어온 만큼

2022년 대치동 은행나무 대치동 구마을 재건축 현장 입구에 있는 은행나무는 서울시에서 지정한 보호수로, 530살이 넘었어요.

전설이 깃들어 있어요. 자료에 따라 다르지만, 한 스님 혹은 어느 할머니가 은행나무로 만든 지팡이를 땅에 꽂았더니 거기서 움과 싹이 돋아 은행나무로 자랐다는 이야기예요.

대치동 은행나무는 도시탐험가 슬렁 씨가 고등학생 시절에 본 모습 그대로 구마을 입구를 지키고 있었어요. 다만 그곳은 공사장 입구가 되었지만요. 앞에서 슬렁 씨가 고등학교 동창들에게 보여 줬다는 사진은 이즈음 촬영한 거였어요.

대치동 은행나무도 도곡동 느티나무처럼 마을 주민들에게 신앙의 대상이었대요. 500년 넘게 살아온 은행나무를 대치동 구마을 사람들은 영험하게 여겨 매년 제사를 지내왔고, 기념할 만한 일이 생길 때마다 그 앞에서 잔치를 벌였다고 하네요.

그런데 이 마을 사람들이 대대로 농사지어 온 농경지는 어떻게 되었을까요? 대부분 아파트단지로 변했어요.

다음 항공사진을 보면 대치동 일대의 변화를 잘 알 수 있어요. 1972년 항공사진에는 대치동 일대에 주거지라곤 구마을만 보여요. 그리고 일부 경사진 곳만 빼고는 거의 농경지로 보이네요. 그런데 1970년대 중반부터 대치동 일대 농경지가 주택지로 변하기 시작해요. 그리고 70년대 후반에 들어가자 대치동 구마을 남쪽의 농경지가 아파트단지로 변하고요. 그곳이 은마아파트예요.

대치동 일대가 아파트단지로 변하던 시기 구마을에도 변화가 생기는 듯 보이네요. 1980년대 중반 무렵 항공사진 속 구마을에는 연립주택으로 보이는 집들이 들어서기 시작해요. 그러다 1990년대 들어서는 아예 빈 땅이 보이지 않을 정도로 동네가 복잡해지는 모습이고요.

1972년 대치동 구마을 일대 구마을과 일부 경사진 곳을 빼고는 거의 대부분이 농경지였어요. 사진 중앙의 농경지가 지금의 대치동 은마아파트 단지가 있는 곳이에요. (사진·국토지리정보원)

그런데 구마을의 주택 구획과 골목길 모양이 반듯하지 않은 모습이에요. 슬렁 씨가 알아보니 대치동 구마을이 주변 지형지물의 모양에 맞춰 집과 골목길이 들어서서 그렇게 되었대요.

강남의 다른 지역이 도시계획을 통해 반듯한 모양으로 개발되었다면, 대치동 구마을은 자연의 굴곡 그대로 들어선 거였어요. 그러니까 산자락의 경사에 따라 혹은 농경지의 모양에 따라 들어섰던 옛 마을의 모양을 그대로 간직한 동네였던 거죠.

그래서 과거에 민속촌이라 불렸고 지금은 구마을이라고 불리나 봐요. 그런 대치동 구마을 중 일부 구역이 아파트로 변하는 중이었습니다.

슬렁 씨가 2023년에 대치동 구마을에 가 보니 은행나무 주변에 공사 중이던 아파트단지가 완공되었어요. 은행나무 주변은 공원이 되었고요. 2024년 6월 현재, 구마을의 다른 구역에서도 아파드 긴축 공사가 진행 중인 가림막을 볼 수 있어요.

도시탐험가 슬렁 씨는 옛 기억을 떠올리며 대치동 일대를 돌아다녀 봤어요. 아파트도 많지만, 학원이 무척 많이 보여요. 사교육 1번지로 불리는 명성 그대로였어요. 불과 50여 년 전만 하더라도 계몽 운동을 펼쳐야 할 농촌이었는데 말이죠.

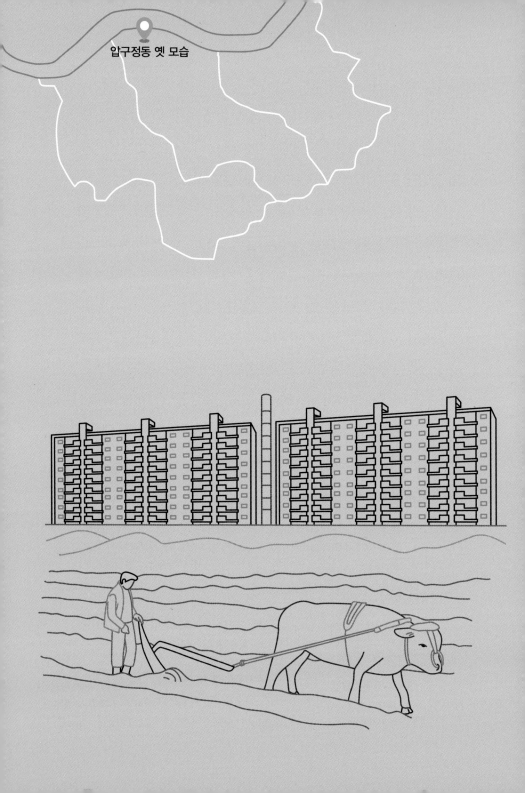

압구정동 옛 모습

🏆 '특별시'가 아닌 '보통시'였던 강남?

 도시탐험가 슬렁 씨는 2024년 봄에 방영한 드라마 '수사반장 1958'에 푹 빠졌었어요. 형사들이 범인들을 잡는 이야기가 재미 있기도 했지만, 1950년대와 60년대 서울의 모습이 등장해서 더욱 흥미로웠어요.

 그런데 이 드라마에는 '시민증'이라는 단어가 여러 번 나와요. 시민증은 신분증을 의미하는데, 주민등록증 제도가 시작된 1968 년 전까지는 서울 시민에게만 발급되었대요. 서울 아닌 지역에 사는 사람들에게는 '도민증'이 발급되었고요. 그래서 시민증을 지닌 사람은 서울특별시에 사는 특별시민이라는 자부심을 느낄 수 있었다고 해요.

그런데 1963년 1월부로 경기도에서 서울로 편입된 강남 지역 주민들은 특별시 시민이 되었다는 느낌을 받지 못했다고 하네요. 도민증 대신 시민증을 발급받았지만, 생활환경은 경기도였던 시절에서 크게 바뀌지 않았기 때문이지요. 그래서 강남 지역을 특별시가 아닌 '보통시'로 느끼는 주민들도 있었다고 합니다.

강남은 서울특별시의 낙후한 시골

슬렁 씨가 모은 강남 관련 자료에는 신문 기사들이 많아요. 이 기사들을 종합하면 1960년대의 강남은 '서울 속 낙도'라는 표현을 쓸 정도로 낙후한 지역이었어요. '낙도(落島)'는 육지에서 멀리 떨어진 외딴섬을 뜻해요. 외진 곳을 비유할 때 쓰기도 하고요.

그러니 강남을 낙도로 비유했다는 건 이 지역의 모습이 서울특별시 위상과 어울리지 않았다는 걸 의미하는 거죠.

도시탐험가 슬렁 씨는 이들 신문 기사 중에서도 압구정동의 과거 모습을 다룬 기사가 특히 인상 깊었어요. 1964년 11월 22일 《조선일보》의 '압구정동에 인술 봉사' 기사에는 한국부인회가

2024년 압구정동 거리 현재 압구정동은 집값 비싼 동네로 유명하지만, 1960년대 초까지만 해도 빈민촌, 무의촌으로 알려질 만큼 낙후된 동네였어요.

무의촌인 압구정동에서 진행한 의료 봉사 소식이 담겼어요. 무의촌은 의료 시설이 없는 지역을 의미해요.

이 기사에는 "압구정동 빈민촌을 찾아 150명의 가난한 환자들에게 따뜻한 치료의 손길을 폈다"라는 문장이 있어요. 이상하지 않나요? 오늘날 압구정동은 집값이 비싸기로 유명한데다 성형외과나 피부과 같은 병원이 많은 동네이니까요.

그러니 압구정동을 빈민촌이라거나 무의촌이라고 하는 표현이 슬렁 씨에게 낯설게 느껴진 거죠. 그랬던 압구정동은 이 기사가 나온 후 10여 년 만에 우리나라에서도 손꼽히는 부자 동네가 되었어요.

슬렁 씨는 다른 신문 기사들에서도 생활환경이 열악했던 강남 지역의 모습을 발견할 수 있었지요.

서울로 편입된 초기, 강남 지역은 전기가 들어오지 않은 동네가 많았다고 해요. 1967년 5월 3일《경향신문》의 '깜깜마을에 전기, 양재동서 점화식' 기사에 따르면, 양재동, 서초동, 반포동, 그리고 도곡동은 1967년에 전기가 들어왔습니다. 그리고 1970년 2월 17일《매일경제》의 '편입지 1만5,000호에 전기' 기사에 따르면, 청담동과 대치동 등은 1970년에야 전기가 들어왔고요.

전기가 들어오지 않는데 수돗물이 나올 리 없었겠지요. 하는 수 없이 우물을 파야 했던 동네도 있었습니다. 1970년대 초반부터 신도시로 개발되었지만 영동지구에는 상수도 연결이 안 된 지역이 있었던 거죠.

특히 양재동 주민들의 고생이 심했다고 해요. 1972년 1월 13일《경향신문》의 '우물 소독 철저히, 변두리 시민들' 기사에 따르면, 이 시기 양재동을 담당했던 영등포구청에는 우물 소독이라도 철저히 해 달라는 민원이 많았다고 합니다.

1970년대 초반에는 쓰레기차가 다니지 않는 지역도 있었습니다. 1971년 7월 11일《조선일보》의 '서울의 낙도 영등포 편입 지구' 기사를 보면, 서초동은 쓰레기를 수거하지 않는 지역에 속했습니다. 서초동을 담당하는 영등포구청의 장비와 인원이 부족하기도 했지만, 서초동과 연결되는 도로 사정이 나빠 쓰레기차가 다닐 수 없었기 때문이라네요.

1974년경에는 강남 지역 주민들 스스로 쓰레기를 치우도록 했습니다. 1974년 2월 12일《경향신문》의 '변두리 53개 동 쓰레기 자치 수거제' 기사에 따르면, 쓰레기 수거에 참여한 가난한 주민들에게 밀가루를 배급했다고 합니다. 대상 지역에 도곡동과 청담동, 그리고 잠원동이 포함되었습니다.

불편하기만 한 대중교통 때문에

도시탐험가 슬렁 씨는 1972년 12월 9일《조선일보》의 '새서울 영동 파노라마' 기사에서 흥미로운 표현을 발견했어요. 강남이 서울특별시가 아닌 '보통시'라는 겁니다. 불편한 대중교통 때문이에요.

사례를 들면, 1970년대 초반까지만 해도 강남에 사는 주민들은 서울 강북에 갈 때 나룻배를 타는 게 오히려 편했다고 해요. 물론 1969년 12월에 개통된 한남대교와 1973년 11월에 개통된 영동대교 등 한강 이곳저곳의 다리가 놓이기 전에 그랬다는 말이에요.

슬렁 씨가 자료를 살펴보니 다리가 놓이기 전 압구정동, 청담동, 삼성동, 대치동에 사는 주민들은 지금의 영동대교 남단의 '청숫골 나루터'에서 뚝섬으로 건너갔대요. 신사동이나 잠원동, 혹은 논현동 주민들은 지금의 한남대교 남단 인근인 새말 나루터나 잠원 나루터에서 한남동으로 건너갔고요. 새말 나루터와 잠원 나루터는 지금의 한남대교 남단 인근에서 한남동의 한강 나루터로 연결되었다고 해요. 그렇게 한강을 건넌 다음 시내로 가는 시내버스로 갈아타야 했지요.

만약 배를 타기 어려우면 동작동의 시내버스 종점까지 간 후 강북 도심으로 가는 버스를 타고 한강대교를 건넜다고 하네요.

슬렁 씨는 1960년대 말죽거리 주민들의 생활상을 전한 신문 기사들에서 그들의 불편한 모습이 그대로 느껴졌어요.

나룻배를 타고 한강을 건너는 강남 사람들(1962년) 1960년대까지만 해도 한강에 다리가 몇 개 없어서 강남 사람들은 출퇴근 때 나룻배를 타고 한강을 건너야 했어요. (사진·작가미상)

　과거 말죽거리로도 불린 서초구 양재동은 1962년 12월까지만 해도 경기도 시흥군 신동면 양재리였습니다. 1963년 1월부로 이 지역이 서울로 편입되자 영등포구청 관할이 되었고요. 하지만 구청에서 워낙 멀어 신동출장소라는 작은 구청이 설치되었습니다. 많은 업무를 출장소에서 해결해 주었지만, 간혹 구청 본청에 가서 처리해야 할 업무도 있었지요.

　그런데 1960년대에 말죽거리 일대에서 영등포로 가려면 먼저 동작동으로 가는 버스를 타야 했습니다. 그 시절 말죽거리 일대를 지나는 유일한 버스 노선이었으니까요. 하지만 배차 간격이 제멋대로라 언제 올지 모를 버스를 마냥 기다리다 타야 했습니다. 그렇게 동작동까지 간 다음 영등포로 가는 버스로 갈아타야 했지요. 돌아올 때는 반대의 순서로 타야 했고요.

이렇듯 불편하기만 했던 대중교통으로 미루어 보면, 이 시절 강남 지역이 낙도였던 건 사실인 것 같아요. 외진 지역을 상징하는 낙도는 도시의 문물과 문화 혜택을 받지 못하는 지역을 설명할 때도 썼으니까요.

하지만 '서울의 낙도' 강남 지역은 1970년대 들어 큰 변화를 맞이하게 됩니다. 특히 대중교통 분야가 그러했어요. 1969년 말에 한남대교가 개통되었고, 1970년에는 말죽거리에서 한남대교를 건너 서울역이나 서울시청으로 가는 시내버스 노선이 여럿 생겼으니까요.

이때부터 말죽거리와 서울 강북 도심은 가까워졌어요. 예전처럼 동작동으로 멀리 돌아서 한강대교를 건너가지 않아도 되었으니까요.

그렇게 강남 지역은 신도시로 개발되며 점차 발전하게 되었습니다. 그리고 보통시라는 굴레도 자연스럽게 떼어졌고요.

그런데 1980년대에 들어서면 오히려 강북을 보통시로 비유하는 인식이 생겨나는 거 같아요. 1988년 2월 《동아일보》의 '강북 보통시'라는 기사 제목처럼요.

이 시기 강남 지역은 생활환경 면에서 강북보다 앞서가고 있었어요. 그래서 서울 강북 지역이 특별시가 아니라 보통시가 되어 간다고 여기는 사람들이 많아졌다고 해요. 1970년대 초만 해도 사람들이 강남을 두고 서울 보통시라고 한 것을 보면 세상일은 참으로 모를 일이네요.

특히 명문 고등학교의 강남 이전이 이런 현상을 부채질했다고 합니다.

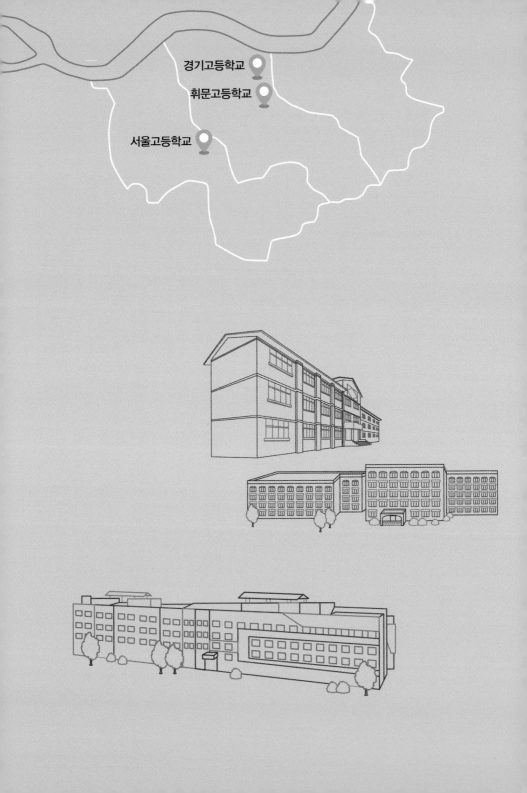

경기고등학교

휘문고등학교

서울고등학교

📍⑧ 명문 학교가 강남 발전을 부추겼다고?

"동대문에 있었다니까."

"아냐. 서울역 건너편에 있었다고."

도시탐험가 슬렁 씨와 그의 친구가 옥신각신하는 중이에요. 예전에 고속버스터미널이 어디에 있었느냐 하는 문제로 말다툼이 벌어진 거였어요.

슬렁 씨는 억울했어요. 왜냐하면 어릴 적에 분명 부모님과 동대문이 보이는 터미널에서 고속버스를 탔었거든요. 그런데 슬렁 씨 친구는 서울역 건너편에 있는 터미널에서 고속버스를 탔다는 거예요.

그래서 슬렁 씨는 서울의 고속버스터미널 역사를 조사해 봤지

서초구 반포동에 있는 서울고속버스터미널 동대문, 서울역 등 서울 강북의 여러 곳에 흩어져 있던 고속버스터미널이 하나로 합쳐져서 서초구 반포동으로 이전했어요.

요. 물론 슬렁 씨 기억이 맞았어요. 그렇다고 그의 친구가 틀린 건 아니었어요. 반포동에 고속버스터미널이 생기기 전에는 서울 강북 여러 군데에 고속버스터미널이 있었으니까요. 동대문은 물론 서울역 건너편에도요.

슬렁 씨는 이들 고속버스터미널이 하나로 합쳐지며 강남으로 옮겨온 과정이 흥미로웠어요. 그런데 고속버스터미널 말고도 강남으로 이전한 시설이 더 있었다는 걸 알게 되었지요.

강북의 시설과 시민을 강남으로 분산하라

지금도 그렇지만 1960년대와 1970년대 한국은 북한과 갈등이 심했어요. 충돌도 잦았고요. 북한 군인들이 청와대 인근까지 침투한 1·21사태에서 보듯 휴전선과 가까운 서울은 유사시 위험할 수도 있어요.

그런데도 사람들은 서울로만 몰려들고 있었지요. 여기서 서울은 강북을 의미해요. 1970년대 초반까지만 해도 서울은 강북 중심으로만 발전했으니까요.

그래서 이 시기에는 사람뿐 아니라 국회와 법원 등 주요 기관과 시설들도 서울 강북 도심에 몰려 있었어요. 사람과 시설이 서울 도심으로 집중하는 모습은 걱정거리였어요. 만약 서울이 북한에 공격당한다면 서울 도심에 몰려 있는 주요 기관과 시민들의 피해가 클 게 분명하니까요. 무엇보다 한강에 놓인 다리가 부족해서 피난조자 어려울 거라는 걱정이 있었어요.

이런 고민에서 나온 정부의 대책이 서울 강북의 시설과 시민을 강남으로 분산하는 것이었어요. 주택 건설과 함께 강남 개발의 목적 중 하나였지요.

하지만 서울 시민들에게 1970년대의 강남은 시골이나 마찬가지였어요. 그래서 정부는 강남으로 인구를 분산하기 위한 몇 가지 방안을 내놓았지요.

강북 명문 고등학교의 강남 이전이 대표적이었습니다.

예나 지금이나 명문 고등학교의 기준은 좋은 대학교에 학생을 많이 합격시키는 학교를 말해요. 그런 명문에 속했던 경기고등학교가 1976년 삼성동으로, 휘문고등학교가 1977년 대치동으로, 서울고등학교가 1979년 서초동으로, 그리고 숙명여고가 1980년에 도곡동으로 이전했어요. 그 외 많은 명문 고등학교가 한강 남쪽 지역으로 옮겨 갔지요.

사실 서울은 1974년에 고등학교 평준화 지역이 되었어요. 원하는 학교에 지원해 시험을 치르는 게 아니라 수험생이 거주하는 학군에서 추첨으로 학교를 배정하는 방식으로 바뀐 거죠.

만약 명문 학교가 있는 학군에 거주하는 데다 추첨운까지 따라주면 명문 학교에 들어갈 수 있었지요. 그러니 강남으로의 이주는 자녀들을 명문으로 알려진 고등학교에 입학시킬 수 있는 기회였어요. 그렇게 '8학군 신화'가 시작되었지요.

도시탐험가 슬렁 씨도 부모님이 강남으로 이사를 결심한 덕분에 휘문고등학교에 입학할 수 있었어요. 슬렁 씨는 간혹 '만약 강북에서 계속 살고 있었다면 어떤 학교에 다녔을까?' 하는 생각을 하곤 했지요.

그런데 명문 고등학교뿐 아니라 법원과 검찰청도 강남 분산 정책에 따라 서초동 일대로 이전했어요. 반포동에 있는 서울고속버스터미널 또한 강남 분산 정책 중 하나였지요.

강북 도심 여러 곳에 있던 고속버스터미널

1970년대 초반 서울에는 10곳이 넘는 고속버스회사들이 있었어요. 그런데 이들 회사는 터미널을 각자 운영하거나 여러 회사가 공동으로 운영하기도 했어요. 그래서 고속버스터미널은 동대문, 종로, 서울역 등 서울 강북 도심 곳곳에 흩어져 있었어요. 그러니 슬렁 씨와 친구의 기억이 다를 수밖에 없었지요.

슬렁 씨가 이용했다던 동대문의 고속버스터미널은 동대문시장 끝자락에 있었어요. 흥인지문 바로 건너편인데 지금은 그 자리에 호텔이 있어요.

'전차 차고 터' 표지석 동대문 고속버스터미널이 있던 자리는 1968년까지는 노면전차 차고가 있었던 자리로, '전차 차고 터' 표지판이 남아 있어요.

　동대문 고속버스터미널이 들어선 자리가 1968년까지는 노면전차 차고였어요. '노면전차(路面電車)'는 도로에 놓인 궤도를 전기의 힘으로 달리는 1량짜리 열차를 말하는데, '전차'라고도 불렀어요. 1899년에 개통된 서울의 전차는 1968년까지 운행했어요. 또한 이곳은 우리나라 최초의 화력발전소가 있던 곳이기도 했고요. 그런데 전차 운행이 폐지되자, 1970년대 초반부터 동대문의 차고지를 고속버스터미널로 이용하게 되었지요. 근대 대중교통

시설이 현대 대중교통 시설로 변신하게 된 거죠.

이 밖에 서울역 건너편에도, 탑골공원사거리 인근에도 고속버스터미널이 있었어요. 하지만 당시 서울 도심에 있던 고속버스터미널은 규모가 작은데다 시설이 나빴다고 해요. 게다가 도심 한가운데라 교통 체증을 일으키기도 했고요.

이런 문제점들을 해결하기 위해 도심 여러 곳에 있던 고속버스터미널을 하나로 통합하기로 했어요. 그리고 서울 강북 도심에 있던 주요 시설을 강남으로 옮기는 목적이 더해졌고요. 이런 과정을 거쳐 1976년 9월 1일에 들어선 시설이 반포동의 서울고속버스터미널이에요. 1970년대 초부터 개발 중이던 영동지구 인근이어서 도심 기능의 외곽 이전이라는 목적에도 잘 맞았지요.

도시탐험가 슬렁 씨는 1976년 항공사진을 검색해 봤어요. 반포동 일대에 넓게 펼쳐진 농경지 사이로 주차장처럼 보이는 널따란 구조물이 보였지요. 그곳이 터미널이었어요.

슬렁 씨는 강남 고속버스터미널 관련 신문 기사도 찾아보았어요. 터미널 완공을 알린 기사들에 나온 사진을 보면 야외에 승차장만 덩그러니 있는 모습이에요.

이 기사들을 종합하면, 반포동의 고속버스터미널은 개장 초기에 다소 불편했던 걸로 보여요. 고속버스터미널의 강남 이전 이유 중에는 편의 시설 미비가 있었는데 강남의 터미널도 편의 시설이 없기는 마찬가지였던 거죠. 물론 정식 터미널 건물을 짓기 전이라 그랬겠지만요.

그런데 없는 건 편의 시설뿐만은 아니었어요. 승객도 없었지요. 당시 강남이 개발되면서 아파트단지들이 들어서고 있었지만, 고속버스를 이용하는 승객은 강북과 비교해 현저히 적었거든요.

그래서 고속버스회사들은 한동안 강북에 있던 기존의 터미널을 계속 사용했다고 해요. 강북에서 승객을 먼저 태우고 반포동의 터미널에 들러서 강남의 승객을 태우는 방식으로요. 때로는 강남에서 출발하는 버스 승객을 고속도로 입구에서 내리게 하고는 강북에서 출발한 고속버스에 태우는 일도 있었대요. 승객이 적어서요.

오늘날 반포동의 고속버스터미널 주변은 복잡합니다. 지하철 노선은 3개가 지나고, 서울 곳곳은 물론 경기도의 도시들과 연결되는 버스 노선도 있어요.

터미널 인근에는 아파트단지들이 늘어서 있습니다. 1970년대

1976년 반포동 일대(왼쪽)과 2023년 반포동 일대(오른쪽) 왼쪽 사진 가운데에 주차장처럼 보이는 곳이 서울고속버스터미널인데, 주변으로 농경지가 보여요. 오른쪽 2023년 반포동 일대 사진에서는 고속버스터미널 주변이 아파트단지로 변했어요. (사진·국토지리정보원)

말에 지은 아파트가 헐리고 새 아파트가 들어서는 중이기도 하고요.

1976년 항공사진에서 고속버스터미널 주변으로 농경지만 보이던 모습과는 너무나 달라진 풍경입니다. 그리고 보면 지난 50여 년 동안 강남 지역은 크게 달라졌어요. 특히 잠실 일대가 몰라보게 변했습니다.

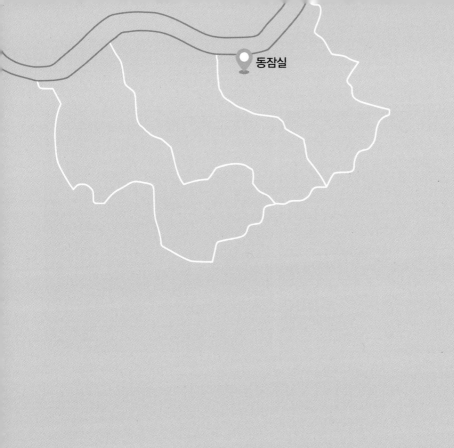

동잠실

9 한강의 섬이었던 잠실

'호수에 나루터 표지석이라?'

석촌호수 둘레길을 걷던 도시탐험가 슬렁 씨는 표지석을 보고는 잠시 생각해 빠졌어요. 큰 글씨로 '송파나루 터'라 쓰인 표지석에는 작은 글씨로 '삼남(충청·호남·영남) 지방과 서울을 이어 주던 조선 후기의 나루터'라는 설명이 새겨져 있었어요.

표지석은 석촌호수 둘레길 바로 옆에 놓여 있었습니다. 표지석으로만 보면 그 주변에 나루터가 있었던 거죠. 그것도 충청도·전라도·경상도와 서울을 연결하는 나루터요. 표지석 주변은 육지로 둘러싸인 호수인데 말이죠.

슬렁 씨는 호기심이 생겨 석촌호수와 송파나루에 관한 자료를

석촌호수 산책로에 있는 '송파나루 터' 표지석 송파나루는 삼남(충청·호남·영남) 지방과 서울을 이어 주던 조선 후기의 나루터예요.

뒤져 보았습니다. 그리고 흥미로운 사실을 알게 되었지요. 서울 송파구의 잠실동과 신천동은 50여 년 전만 해도 섬이었단 겁니다. 한강에 떠 있는 '잠실섬'.

'잠실이 섬이었다고?'

슬렁 씨는 믿기지 않았어요. 아주 먼 곳에서도 보이는 초고층 건물이 솟아 있는 그 일대가 섬이었다니요. 그래서 슬렁 씨는 그 흔적을 찾아 나섰지요.

표지석으로 남은 잠실의 옛 마을들

도시탐험가 슬렁 씨가 찾은 잠실섬의 흔적은 표지석입니다. 표지석은 사람으로 비유하면 묘지에 세우는 비석 같아요. 비석에는 그곳에 묻힌 사람이 누구인지와 언제부터 언제까지 살았는지, 그리고 가족은 누구인지가 간략하게 새겨져 있으니까요.

표지석도 마찬가지예요. 그곳에 무엇이 있었는지에 관한 내용이 새겨져 있어요. 종합운동장 건너 아시아공원에 있는 '부리도 부렴마을' 표지석과 삼전역 인근 잠실근린공원에 있는 '새내 내력비'도 그래요. 이들 표지석에는 잠실이 섬이었던 시절의 이야기가 새겨져 있어요.

이 기록을 참고하면, 잠실은 지금의 광진구 자양동 아래 자락에 붙은 반도(半島)였다고 해요. 그러니까 잠실은 강북에서 한강쪽으로 튀어나온 육지였던 거죠.

그러던 중종 15년(1520년) 대홍수가 발생해 자양동과 반도 사이에 샛강이 생겼대요. 그래서 반도였던 땅이 육지에서 잘려 나갔고요. 육지에 속했던 잠실은 그렇게 섬으로 변한 거죠.

잠실의 옛 마을 '부리도 부렴마을' 표지석 잠실은 원래 지금의 광진구 자양동 아래 자락에 붙은 반도였는데, 1520년 대홍수로 샛강이 생기면서 섬으로 변했었대요.

'새내 내력비'에는 잠실섬에 있었던 마을들에 관한 이야기도 담겨 있어요.

잠실섬 북쪽으로는 샛강이 흘렀고, 강변에는 새냇마을이 있었대요. 그곳이 신천리였는데, 지금의 신천동을 말해요. 신천은 '새내'를 한자로 옮긴 겁니다. 지금의 잠실새내역을 과거에 신천역으로 부르기도 했고요.

그리고 새냇마을 남쪽에는 잠실리가 있었는데, 지금의 잠실동을 말해요. 그리고 두 마을의 서쪽에는 부렴마을이 있었고요.

삼전역 인근 잠실근린공원에 있는 '새내 내력비' 잠실섬 북쪽으로 샛강이 흘렀고 강변에 새냇마을이 있었는데, 그곳이 신천리, 곧 지금의 신천동이었대요.

　그런데 '잠실(蠶室)'은 이 지역의 정체성을 보여 주는 이름입니다. 조선 초기 잠실섬에는 누에치기를 장려하는 국가 시설인 동잠실(東蠶室)이 있었어요. 잠실은 원래 '누에 기르는 방'을 뜻하고요. 그러니까 오늘날 지역 이름으로 알려진 잠실은 원래 누에 기르는 방을 뜻했던 거죠.

　그래서인지 오래전 잠실섬에는 뽕나무가 많았었나 봅니다. 김정호가 제작한 서울 지도인 《경조오부도》에 잠실이 상림(桑林), 즉 뽕나무숲으로 표기된 섬으로 나올 정도니까요.

잠실의 표지석들에도 뽕나무에 관한 이야기가 새겨져 있어요. 과거 잠실섬에 수령 500년 정도 되는 뽕나무들이 자라는 약 30만 평의 농경지가 있었다고 기록되어 있지요.

한편으로 '부럼마을 표지석'과 '새내 내력비'는 이곳에 있던 마을이 없어졌다는 걸 의미합니다. 1970년대에 이들 마을 터 주변으로 아파트단지가 들어섰고, 1980년대에는 종합운동장이 들어섰기 때문에 사라지고 말았지요. 그래서 이곳에 살았던 주민들에게 고향 마을의 흔적은 표지석으로만 남았습니다.

각종 문헌에 나오는 잠실섬의 흔적

도시탐험가 슬렁 씨는 잠실이 섬이었던 시절의 모습을 더욱 자세히 알아보기 위해 옛 지도를 찾아보았습니다. 지도에는 제작 당시의 모습이 나와 있으니까요. 슬렁 씨는 제일 먼저 지도 제작으로 유명한 김정호의 지도를 확인해보았어요.

김정호의 《대동여지도》에 잠실은 강북과 송파 사이를 흐르는 한강에 떠 있는 섬으로 표시되었습니다. 앞에서도 언급한 《경조오부도》에도 잠실은 상림(桑林), 즉 뽕나무숲으로 표시된 섬으로

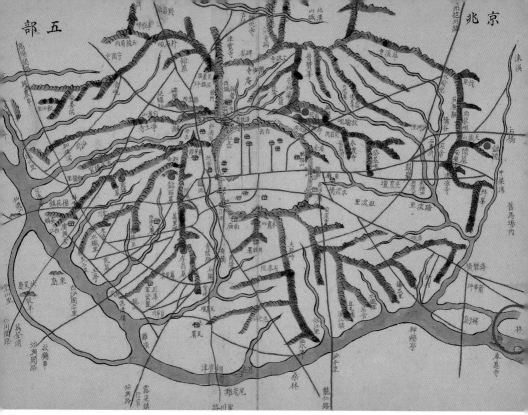

김정호의 《경조오부도》 서울 지도인 《경조오부도》에 잠실이 상림(桑林), 즉 뽕나무숲이라는 이름의 섬으로 표시되어 있어요(붉은색 원 부분). (사진·서울역사박물관)

나와 있고요.

　일제강점기에 제작한 지도나 1960년에 나온 《최신 서울특별시 전도》에도 잠실은 한강의 섬으로 표시되었지요.

　무엇보다 항공사진에는 잠실섬의 모습이 뚜렷하게 나와 있습니다. 잠실이 아직 섬이었던 1969년에 촬영한 항공사진을 보면 한강 가운데에 떠 있는 섬의 윤곽을 볼 수 있지요.

그런데 슬렁 씨는 소설을 읽다가도 잠실이 섬이었던 시절의 단서를 찾을 수 있었습니다.

행렬은 수구문으로 도성을 빠져나와 송파나루에서 강을 건넜다. 강은 얼어 있었다. 나루터 사공이 언 강 위를 앞서 걸으며 얼음이 두꺼운 쪽으로 행렬을 인도했다. (중략) 임금은 새벽에 남한산성에 들었다.

- 김훈 소설《남한산성》중에서

김훈 작가의 소설 《남한산성》의 한 대목입니다. 병자호란 때 인조 임금이 남한산성으로 피난하는 모습을 묘사한 장면이지요.

그런데 이 대목을 읽던 슬렁 씨는 '송파나루에서 강을 건너 남한산성으로 들어갔다니 좀 이상하군!' 하며 고개를 갸웃했어요. 남한산성은 한강 남쪽 내륙에 있고, 송파나루도 한강 남쪽의 송파 지역에 있었으니까요.

그러니 슬렁 씨는 '송파나루와 남한산성이 육지로 연결되었는데 왜 송파나루에서 강을 건넜지?' 하는 의문이 들었던 거죠.

슬렁 씨는 궁금증을 풀기 위해 자료를 찾아보고, 현장 답사도 여러 차례 했어요.

유시(酉時)에 신천(新川)과 송파(松坡)의 두 나루를 건너니, 강물이
처음 얼었다.

- 이긍익 《연려실기술》 중에서

김훈 작가가 소설을 쓸 때 참고한 《연려실기술》에 나오는 구절
입니다. 이 책은 조선 후기의 학자 이긍익(李肯翊:1736~1806년)
이 지은 조선시대 역사책으로, 실록에 나오지 않은 왕조 이야기
가 많이 실려 있어요. 위 내용은 '인조조 고사본말(仁祖朝 故事本
末)'에 나와요. 이 기록을 보면, 인조 임금은 남한산성으로 가기
위해 두 곳의 나루터를 건너야 했지요. 신천과 송파. 이는 잠실이
한강의 섬이었음을 보여 주는 단서입니다.
　여기서 신천은 지금의 서울 광진구 자양동에서 잠실섬 북쪽의
신천리로 건너가는 나루터를, 송파는 섬의 남쪽 잠실리에서 송파
로 건너가는 나루터를 의미하는 것으로 보입니다.
　그러니까 인조 일행이 한강을 건너려면 먼저 지금의 자양동쯤
에서 배를 타고 잠실섬 북쪽의 신천리로 넘어가야 했을 겁니다.

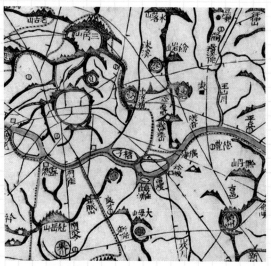

《대동여지도》의 잠실 일대 《대동여지도》에서 길은 검은
선으로 표시되어 있는데, 도성에서 나온 길이 한강의
섬으로 표시된 잠실(붉은색 원)을 지나가고 있어요.
(사진·서울대 규장각한국학연구원)

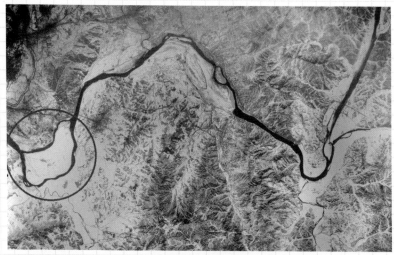

1969년 잠실 일대 잠실(붉은색 원)이 아직 섬이었던 시절에 찍힌 항공사진이에요.
(사진·국토지리정보원)

그런 후 잠실섬 남쪽의 잠실리로 이동한 다음, 다시 배를 타고 강 너머의 송파로 건너가야 했을 것이고요.

이것을 두고 김훈 작가가 "송파나루에서 강을 건넜다"라고 표현한 것은 아닐까요?

《대동여지도》에서 길은 검은 선으로 표시되었어요. 그래서 도시탐험가 슬렁 씨는 《대동여지도》를 보며 인조 임금 일행이 피난한 경로를 눈으로 따라가 볼 수 있었지요.

한양도성을 나와 육로를 거쳐온 길은 한강을 만났어요. 강 한가운데에는 잠실섬이 있고요. 그런데 길을 의미하는 검은 선은 끊어지지 않고 잠실섬 위로 지나가고 있네요. 잠실섬을 지난 검은 선은 한강을 건너 송파를 거쳐 남한산성으로 향했고요.

그러니까 잠실섬은 한양과 남한산성을 잇는 지름길 위에 있었어요. 게다가 한강을 만나 끊어진 길을 이어 주는 징검다리였어요. 섬 북쪽과 남쪽의 두 나루터를 통해서요.

그런데 도시탐험가 슬렁 씨는 섬이었던 잠실이 육지가 되는 과정을 살펴보다가 석촌호수에 관해 몰랐던 걸 알게 되었어요. 석촌호수가 그곳을 흐르던 한강의 흔적이라는 사실이에요.

석촌호수

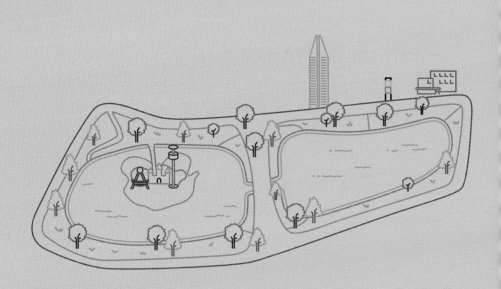

⑩ 한강 물길의 흔적, 석촌호수

도시탐험가 슬렁 씨는 길에서 표지석이나 비석이 보이면 가던 걸음을 멈추곤 해요. 표지석이나 비석을 보는 순간 슬렁 씨는 그 돌에 무슨 이야기가 담겨 있는지 궁금해지니까요.

그러니 석촌호수 주변 주택가를 탐험하던 슬렁 씨가 잠시 쉬어 가려고 송파근린공원에 들어서는 순간 환호성을 질렀겠지요. 거기엔 딱 봐도 오래돼 보이는 비석 두 개가 서 있었거든요.

왼쪽 비석은 '을축년 대홍수 기념비'이고, 오른쪽 비석은 '암행어사 이건창 영세불망비'예요.

'암행어사 이건창 영세불망비'는 암행어사 이건창을 기리는 비석이에요. 이건창은 19세기 말의 암행어사로 송파장을 찾아

'을축년 대홍수 기념비'(왼쪽)와 '암행어사 이건창 영세불망비'(오른쪽) '을축년 대홍수 기념비'에는 1925년의 대홍수로 크게 피해당한 일대 주민들의 아픔이 새겨져 있고, '암행어사 이건창 영세불망비'는 19세기 말 암행어사 이건창을 기리는 비석이에요.

상인들의 고충을 들어주었대요.

'을축년 대홍수 기념비'는 1925년의 대홍수로 크게 피해당한 잠실과 송파 일대 주민들의 아픔이 새겨져 있어요. 그런데 이 비석에는 총탄 자국도 있어요. 홍수의 상처뿐 아니라 한국전쟁의 상처도 함께 간직한 거죠.

홍수 피해 잦았던 서울 속 낙도, 잠실마을

을축년 대홍수에 관한 자료를 찾아보던 슬렁 씨는 잠실이 섬이었던 시절에 홍수 피해가 잦았던 걸 알 수 있었어요.

자료 중 1965년 12월 25일 《경향신문》의 '서울 속의 낙도 잠실마을 딱한 사정' 기사에는 홍수 피해를 본 잠실의 모습이 잘 묘사돼 있어요. 이 기사를 쓴 기자는 교통수단이 불편하고 통신설비를 제대로 갖추지 않았다는 점에서 잠실을 '낙도'라고 표현했어요. 문명에서 외면당하고 있다는 표현도 썼지요.

당시 잠실과 육지 사이에는 다리가 없어 나룻배가 잠실과 육지를 연결하는 유일한 교통수단이었대요. 심지어 전기는커녕 전화도 없어 홍수가 밀려와도 구조 요청조차 할 수 없는 현실이었고요.

이렇게 낙후된 잠실에 사는 어린이들은 비행기를 타 봤다고 자랑하곤 했대요. 홍수로 섬이 잠겼을 때 헬기로 구조된 경험을 비행기를 타 본 거라고 자랑하는 것이었지만요.

그런데 1970년대 이전의 잠실을 다룬 신문 기사들을 종합해 보면, 당시 잠실은 강북의 자양동이나 성수동과 생활권이 같았다고 해요. 그래서 잠실 주민들은 나룻배를 타고 자양동으로 건너가 장을 보았고, 학생들은 성동구의 중학교나 고등학교에 진학했었다고 하네요.

이런 사실만 놓고 보면, 잠실은 서울 강북에 속한 지역이나 마찬가지였어요. 지금은 한강 남쪽에 속하지만요.

한강의 섬을 육지로 만든 까닭은?

도시탐험가 슬렁 씨는 잠실을 다룬 1970년대 초반의 신문 기사들을 읽으며 잠실의 변화를 느낄 수 있었어요. 1960년대만 해도 홍수 관련 뉴스에나 등장하던 잠실이 1970년대에 들어서자 부동산 관련 뉴스에 등장하기 시작했거든요. 섬이었던 잠실을 육지로 만든다는 소식이었어요.

언론에서는 '육속화(陸續化)'라는 표현을 썼어요. 한강의 섬인 잠실을 육지에 속하게 만드는 공사였지요.

그런데 섬이었던 잠실을 왜 육지로 만든 걸까요? 그것도 오래도록 같은 생활권이었던 강북이 아닌 한강 남쪽에다 붙인 걸까요?

잠실 육속화 관련 문헌들을 참고하면, 한강 홍수 대책과 관련 있는 걸 알 수 있어요.

우선 잠실 북동쪽의 튀어나온 부분을 잘라 내 한강의 물줄기를 넓히고 직선화했습니다. 과거 지도나 항공사진을 보면 잘 이해할 수 있어요. 육속화 공사 전에는 구리시 즈음에서 크게 휘어서 흘러오는 한강의 물길을 섬이었던 잠실이 막아선 모양이었거든요.

만약 한강 상류에서 물이 불어나면 잠실과 만나 더 불어나게 되어, 한강 인근 저지대에 침수 피해를 줄 수 있는 구조였지요. 그래서 섬 일부를 잘라 내고 강남 쪽 육지에다 붙여서 물길의 활로를 넓게 뚫어 주는 의도가 있었던 거죠. 그러니까 한강 일대의 저지대를 홍수 피해에서 보호하려는 목적이 컸던 겁니다.

홍수 피해도 막고, 신도시도 개발하고

1971년 2월에 시작한 물막이 공사는 먼저 '송파강'의 물길을 막는 것부터 시작했어요. 그리고 잠실섬 북동쪽 자락을 잘라 낸 후 '신천강'을 한강의 본류로 만드는 공사가 이어졌고요. 여기서 송파강과 신천강은 당시 언론에서 쓴 단어예요. 도시탐험가 슬렁 씨는 송파강은 어디이고, 신천강은 어디인지 자료를 찾아봤어요.

예로부터 잠실 주민들은 섬 북쪽으로 흐르는 강을 샛강, 즉 신천강으로 불렀고, 남쪽으로 흐르는 강을 송파강으로 불렀대요. 송파강이 한강의 본류였고, 신천강은 말 그대로 샛강이었지요.

그런 샛강을 한강의 본류로 만들기 위해 섬 일부를 잘라 내야 했으니 무척 규모가 큰 공사였습니다.

물막이 공사는 1971년 4월 중순에 마쳤어요. 한강의 섬이었던 잠실은 이때부터 육지가 되었고요.

잠실을 육지로 만든 목적 중에는 홍수 대책뿐 아니라 신도시를 만들려는 목적도 있었어요. 그래서 물길을 막은 후에는 토지구획정리가 진행되었어요. 토지구획정리는 아파트단지나 주택단지 혹은 도로 등을 만들기 위해 터를 다지는 걸 말해요.

하지만 제방을 쌓고 저지대를 평평하게 높여 택지로 만들기 위해서는 흙이 부족했지요. 섬을 잘라 낸 흙과 강에서 퍼낸 모래와 흙을 썼지만 모자랐다고 해요.

그 해결책으로 공사장 남쪽의 구릉지를 허물자는 의견이 나오기도 했대요. 하지만 그곳은 나중에 몽촌토성으로 밝혀진 곳이었어요. 지금은 복원돼 토성의 모습을 하고 있지만 당시는 그저 낮은 산처럼 보였대요. 그러니 산을 허물어 흙을 가져다 쓰자는 의견이 나왔겠죠. 다행히도 그 자리가 백제의 오랜 유적지임을 알아본 이들 덕분에 보존할 수 있었지요.

대신에 모자라는 흙은 서울의 다른 지역에서 배출되는 쓰레기를 가져다 썼다고 해요. 특히 연탄재가 효자 노릇을 했다고 하네요. 그러니까 잠실동과 신천동 일대의 바닥 깊은 곳 어딘가에는 연탄재가 묻혀 있는 겁니다.

석촌호수가 한강 물길의 흔적이라고?

슬렁 씨의 궁금증을 자아낸 단어 중에는 '포락지'도 있어요. 잠실섬을 육지로 만드는 공사가 끝났는데 '포락지'가 생겼다는 거예요. '포락지'는 토지가 물에 침식돼 수면 밑으로 잠겨 버린 토지를 말해요. 쉽게 말해 웅덩이가 생겼다는 의미지요.

잠실 개발 관계자들은 아마도 고민이 많았을 겁니다. 이 웅덩이를 흙으로 덮기에는 규모가 컸으니까요. 깊이 10미터에 8만 평이 넘는 웅덩이였으니 말이죠.

석촌호수 주변 오늘날 석촌호수 주변에는 우리나라에서 가장 높은 건물이 서 있고, 고급 아파트단지가 줄지어 서 있어요.

석촌호수 전경 과거 한강 물길의 흔적이었던, 8만 평이 넘는 웅덩이는 멋진 호수공원으로 개발되었어요. (사진·위키피디아)

이곳을 만약 흙으로 덮어 택지로 만들려면 공사 비용이 땅값보다 많이 나왔을 거라고 하네요. 결국 이 웅덩이는 호수공원으로 개발되었어요. 맞아요. 석촌호수가 바로 그곳이에요. 도시탐험가 슬렁 씨가 석촌호수 둘레 길을 한 바퀴 돌고는 "호수 참 넓네!" 하며 감탄한 적 있는데, 한강 물길의 흔적이었네요.

오늘날 석촌호수 주변에는 우리나라에서 가장 높은 건물이 서 있고, 고급 아파트단지가 줄지어 서 있습니다. 호수 주변에는 또한 놀이공원과 송리단길이 있어 많은 관광객이 찾는 곳이기도 하고요.

석촌호수가 과거 한강 물길의 흔적이라는 걸 생각하면 슬렁 씨는 도시의 변화가 놀랍기만 합니다. 그런 잠실 일대가 육지가 되며 발전하기 시작했다면 강남 지역은 강북과 다리로 연결되며 발전하기 시작했습니다.

새말 나루터

⑪ 한강 다리는 나루터가 있던 곳?

'나루터로'라고 쓰인 표지판이 보였어요. 여기는 강남대로의 신사역사거리예요. 강남대로를 배회하던 도시탐험가 슬렁 씨는 이 표지판을 보고는 또 호기심이 일어났지요.

'저 길을 따라가면 혹시 나루터가 나오려나?'

표지판은 잠원동 방향을 가리키고 있었어요.

나루터로를 조금 걸으니 잠원동의 아파트단지가 나오고, 신동 초등학교가 나왔어요. 그렇게 걷다 보니 슬렁 씨는 어느덧 한강 공원에 이르렀지요. '한강이니 나루터가 있긴 하겠군' 하고 생각했지만 슬렁 씨의 눈에는 나루터가 보이지 않았어요.

대신 슬렁 씨는 한강 변 곳곳에서 과거에 나루터가 있었던 흔

'나루터로' 표지판 신사역사거리에서 잠원동 방향으로 이어지는 도로인데, 먼 옛날 근처에 나루터가 있었다는 걸 기념하는 흔적이기도 해요.

적을 확인할 수 있었어요. '나루터로'라는 길 이름도 잠원동 한강 변에 나루터가 있었다는 걸 기념하는 흔적이었지요.

표지석으로 남은 한강의 나루터

슬렁 씨가 찾은 흔적은 표지석이에요. 잠원동 한강공원 입구에 있었어요. 표지석에는 굵은 글씨로 '잠원 나루터(蠶院津 址)'라고 쓰여 있었고, 그 아래에는 설명이 있었지요.

한남대교 북단 한강진에서 말죽거리 원지동을 거쳐 삼남지방(충청, 영남, 호남)으로 이어진 교통 요충지였음.

'잠원 나루' 관련 문헌을 종합하면, 잠원동에 있었던 나루터는 말죽거리, 즉 강남 일대의 농산물을 강북으로 운송하는 거점이었대요. 조선시대에는 충청도, 경상도, 전라도 등 삼남지방에서 서울로 가다가 만나는 나루터이기도 했고요. 한남대교가 없던 시절 잠원 나루터는 강남 주민을 강북과 연결해 주는 대중교통망 역할도 맡았었지요.

슬렁 씨는 한남대교 남단 아래로 발걸음을 옮겼어요. '새말 나루터'라고 쓰인 표지석이 보였어요.

조선시대에 경기도 광주군 언주면 새말(新村)로 불리던 이곳은 한남동 한강 나루터와 이어지는 나루터가 있던 곳으로 상업이 성행했던 곳이며 말죽거리 판교를 지나 남부 지방과 연결되는 교통의 요지였던 곳임.

'잠원 나루터' 표지석 잠원 나루터는 한남대교 북단 한강진에서 말죽거리 원지동을 거쳐 삼남지방(충청, 영남, 호남)으로 이어진 교통 요충지였어요.

표지석에는 짧은 문장이지만 이 지역에 관한 정보가 담겨 있었어요. 표지석이 놓인 곳이 서울 강남구 신사동인데 과거에는 경기도 광주 땅이었다는 걸 알려주고 있는 거죠.

신사동 등 강남 지역은 1963년 1월부로 서울로 편입되었어요. '새말'은 '새로운 마을'이라는 뜻으로 과거 신사동에 있었던 신촌(新村)이라는 마을이었어요.

새말 나루터는 남부 지방과 연결되는 길이 출발하는 지점이었

'새말 나루터' 표지석 새말 나루터는 남부 지방과 연결되는 길이 출발하는 지점으로, 말죽거리 일대에서 재배한 채소류를 서울 강북으로 운송하는 길목이었어요.

어요. 말죽거리 일대에서 재배한 채소류를 서울 강북으로 운송하는 길목이기도 했고요.

그리고 보면 새말 나루터는 잠원 나루터와 가까운 곳에 자리하고 있었어요. 두 표지석을 기준으로 약 1km 거리네요. 그런 두 나루는 공통점이 있어요. 남쪽 지방으로 향하는 길목이었고, 말죽거리 일대의 농산물이 서울 강북으로 건너가는 길목이기도 했으니까요.

이렇게 역할이 겹친 건 두 나루터가 속한 행정구역이 달라서 그런 게 아닐까요? 잠원 나루터는 경기도 시흥군에 있었고, 새말 나루터는 경기도 광주군에 있었으니까요. 그래서 시흥 사람은 잠원 나루터를, 광주 사람은 새말 나루터를 이용하는 것이 편했던 것으로 보이네요.

잠원 나루터와 새말 나루터의 나룻배들은 출발하는 지점이 달랐지만 한곳으로 향했어요. 강 건너 한남동의 한강 나루터로요.

슬렁 씨는 한강 나루터의 흔적을 찾으러 한강 건너 한남동으로 향했지요. 경의중앙선 한남역 입구의 공원에 '한강 나루터' 표지석이 보입니다. 표지석에 "이 근방은 건너편의 사평 나루를 잇는 한강 나루가 있던 곳"이라는 설명이 쓰여 있네요.

사평 나루는 한강 나루 건너편에 있었다고 전해져요. 대략 한남대교 남단 인근이라고만 알려졌지요.

슬렁 씨는 1970년대에 나온 지도를 찾아봤습니다. 지금의 신사동에 '사평'이라는 마을 이름이 보이네요. 사평 동쪽으로는 '새말'이라는 마을 이름도 보이고요.

이렇듯 옛 지명에 나오는 사평은 새말과 함께 신사동(新沙洞)

'한강 나루터' 표지석 '한강 나루터' 표지석은 경의중앙선 한남역 입구 공원에 있는데, 건너편의 사평 나루를 잇는 한강 나루가 있던 곳이에요.

이름의 유래가 되었어요. 새말을 뜻하는 신촌(新村)에서 '신'과 사평(沙坪)에서 '사'를 딴 것이지요. 그래서 오늘날 신사동이 된 거예요.

한남대교 부근에서 나루터 흔적을 찾은 도시탐험가 슬렁 씨는 한강에 있었던 나루터가 더욱 궁금해졌어요. 한강 곳곳을 탐사하는 한편 관련 자료도 뒤졌지요.

'뚝섬 나루터' 표지석 1960년대에 뚝섬 나루터는 강북에서 강남으로 건너가는 길목이었어요.

영동대교 북단 아래에는 뚝섬 나루터가 있었어요. 이곳에도 표지석이 나루터의 흔적으로 남아 있네요. 표지석에는 "이곳은 강남 송파와 청숫골을 잇던 나루터"라고 쓰여 있고요.

청숫골은 강남구 청담동을 의미합니다. 그래서 지하철 수인·분당선의 '압구정로데오역'이 '청수나루역'이 될 뻔한 적도 있었어요. 이 역과 가까운 청담동의 영동대교 남단 인근에 나루터가 있었기 때문에요.

'청담동(淸潭洞)'은 이름부터 맑고 깊은 물을 뜻합니다. 뚝섬처럼 모래사장이 있었고, 나루터도 있었다고 해요. 하지만 지역 주민들이 '청수나루역'이라는 이름을 반대해 지금의 '압구정로데오역'으로 이름 짓게 되었다고 하네요. 예스러운 모습을 떠올리게 하는 역 이름보다는 지금의 모습을 상징하는 역 이름을 주민들이 더 좋아해서겠지요.

서울 강북과 강남을 연결한 한강의 나루터

뚝섬 나루터는 서울 시민들이 교외로 나들이 갈 때 이용하던 곳이기도 했대요. 슬렁 씨는 1960년대 신문에서 뚝섬에서 나룻배를 타고 떠나는 소풍 코스를 추천하는 기사들을 많이 볼 수 있었어요.

이 기사들을 종합하면, 1960년대에 뚝섬 나루터는 강북에서 강남으로 건너기는 길목이었어요. 1960년대 후반까지만 해도 한강에는 한강대교, 한강철교, 양화대교, 그리고 천호동의 광진교만 있었지요. 그러니 다리와 가까운 지역이 아니라면 나룻배를 이용해 한강을 건너는 게 편했을 겁니다. 한강 곳곳에 나루터가 있기도 했고요.

그 시절 한강의 나루터와 나룻배는 강남과 강북을 잇는 중요한 교통수단이었어요. 그런데 한강 일대에 홍수가 나면 한강 변 저지대에 사는 주민들은 꼼짝없이 갇힐 수밖에 없었어요. 1969년 8월 20일 《경향신문》의 '서울의 나루터 근대화 속의 낙도, 비만 오면 고립되는 잠원동 일대' 기사가 그런 현실을 잘 보여 주고 있지요.

당시 한강 일원은 오랜 장마로 물이 크게 불었다고 해요. 그래서 잠원 나루터는 한 달 가까이 뱃길이 끊겼었고요. 뱃길이 끊기자 회사를 제대로 다니지 못한 직장인과 학교에 가지 못해 시험을 치르지 못한 학생도 있었다고 이 신문 기사는 전하고 있어요.

나루터 있던 곳에 다리를 놓다

다리가 없던 시절 한강의 남쪽, 즉 강남 지역에 사는 주민들은 강북으로 가는 교통편이 불편했어요. 1960년대 신문 기사들을 참조하면, 당시 잠원동 주민들은 서울 강북 도심으로 갈 때 배를 타고 한남동으로 건너가는 게 제일 빨랐대요. 뱃길이 끊기면 10 리 넘는 길을 걸어 동작동까지 가서 시내버스를 타야 했고요.

다만 1969년 말에 한남대교가 완공되고 1973년에 영동대교가 완공되면서 강남 주민들의 불편함은 나아지게 되었어요. 한강의 다리가 나루터를 대신하게 된 거죠.

그런데 도시탐험가 슬렁 씨가 과거 나루터 위치를 지도에 짚어 보니 오늘날 한강에 다리가 놓인 곳이 대부분 나루터가 있던 자리였어요. 예를 들면, 양화대교 아래에 양화진이, 한강대교 인근에 노량진이, 동작대교 인근에는 동작진이라는 나루가 있었으니까요.

이외에도 한강에 놓인 다리는 예전에 나루터였던 곳들이 많아요. 한남대교도, 영동대교도, 잠실대교도 그랬고요.

그러고 보면 나루터는 강으로 끊어진 육지 이쪽과 저쪽의 길을 이어 주는 역할을 했어요. 한강에 다리들이 놓이자 예전보다 사람과 물자의 이동이 편리해졌고요.

강남 지역의 발전도 한강에 놓인 다리에 힘입었어요. 하지만 나루터가 사라지며 일자리를 잃은 사람들도 생겨났지요.

신천 나루 뱃사공

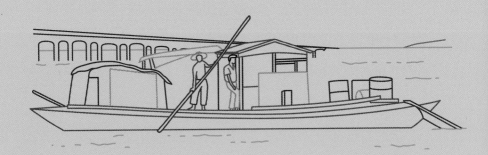

⑫ 한강 뱃사공들이 일자리를 잃은 사연

"헤엄쳐 건너는 걸 봤다니까."

"말도 안 돼. 이렇게 넓고 깊은데 어떻게 헤엄쳐 건너냐고."

도시탐험가 슬렁 씨의 친구들이 옥신각신하는 소리예요. 여기는 영동대교 아래고요. 한 친구가 예전에 뚝섬에서 청담동까지 헤엄쳐 건너는 이를 봤다는 이야기를 꺼내자, 다른 친구가 거짓말이라며 말싸움이 붙은 거였어요. 이들은 슬렁 씨를 따라 과거 뚝섬유원지 일대를 탐사하러 나온 거였고요.

그런데 이들의 말다툼을 지켜보던 어르신들이 판정을 내려줬어요. 옛날에 강물이 많이 흐르지 않을 때면 헤엄쳐 건너는 이가 더러 있었다면서요. 가뭄이 심할 때면 강폭이 줄어들어 뚝섬유

뚝섬 한강공원에서 바라본 청담동 1973년에 개통한 영동대교는 뚝섬과 청담동을 연결하는 다리예요.

원지 모래사장이 강 건너 청담동 근처까지 이어질 정도였다고 하네요. 이 어르신들은 뚝섬 인근에서 수십 년 넘게 사셨다고 했어요.

슬렁 씨가 한강 개발 관련 자료를 찾아보니 한강 상류에 다목적댐이 생긴 후에야 한강에 흐르는 강물의 양이 일정해졌다고 하네요.

'다목적댐'은 수력 발전은 물론 수위 조절 기능을 가진 댐을 말합니다. 1972년에 준공된 북한강 상류의 소양강댐과 1985년에 준공된 남한강 상류의 충주댐이 한강의 수위를 조절하는 다목적 댐이에요.

그리고 슬렁 씨는 혹시나 해서 찾아봤어요. 역시나 있었어요. 1970년 7월 17일 《조선일보》의 '서울의 길 닦아 온 25년 어느 과장의 사임' 기사에 한강을 헤엄쳐 건너다녔다는 어느 인물의 이야기가 실렸어요.

청담동에 사는 서울시청 공무원이었던 이 사람은 밤늦게 퇴근해 나룻배가 끊기는 날이 많았다고 해요. 그런 날에는 하는 수 없이 뚝섬에서 청담동 사이의 한강을 헤엄쳐 건널 수밖에 없었다고 기사에 나와 있네요.

강남 일대의 한강 다리는 1970년 즈음부터 생기기 시작했어요. 신사동과 한남동을 잇는 한남대교는 1969년 12월에 개통됐고, 잠실과 자양동을 잇는 잠실대교는 1972년 7월에 준공됐어요. 그리고 청담동과 뚝섬을 잇는 영동대교는 1973년 11월에 개통됐고요. 그전에는 나룻배를 이용해 한강을 건너다녔어요. 하지만 다리가 놓이자 한강에 나룻배는 더는 필요가 없게 되었고요. 그래서 나루터가 사라지고 뱃사공들은 일자리를 잃게 되었지요.

일터를 잃은 뱃사공들

　나룻배에 실린 오두막. 처음에는 강물 위에 동동 떠내려가는 오두막인 줄 알았어요. 그런데 나룻배 위에 오두막이 얹혀 있는 모습이었어요.

　이 장면은 잠실대교가 개통되던 1972년의 잠실 일대의 변화를 다룬 신문 기사에 실린 사진이에요. 슬렁 씨가 잠실에 관한 자료 중에서 가장 인상적으로 꼽은 사진이기도 하고요.

　잠실대교 건설을 시작한 1970년부터 다리가 개통된 1972년 사이에는 잠실대교 덕분에 변화하는 잠실의 모습을 다룬 신문 기사들이 여럿 있어요.

　슬렁 씨는 그중에서도 신천 나루터가 폐쇄되어 일자리를 잃은 뱃사공들의 사연에 유독 마음이 가곤 했어요. 이후에 그들은 어떤 삶을 살았을까 궁금하기도 했고요.

　31년 경력의 사공 양씨는 신천 나루터에서 대대로 배를 몰아온 뱃사공 집안 출신이었대요. 1970년 10월 16일 《경향신문》의 '서울의 새 풍속도, 나루터를 쫓는 다리' 기사에 그의 집안에서 대대로 전해 내려오는 이야기가 실렸어요. 병자호란 때 인조 임금 일행을 강 너머로 건너게 해 준 이가 사공 양씨의 조상이라고요.

이 이야기를 접한 순간 도시탐험가 슬렁 씨는 소설 《남한산성》에 등장하는 송파 뱃사공이 떠올랐지요. 소설에서 다루지 않는 그 이후 이야기도 상상하게 되었고요.

소설에서 이 사공은 비극적인 최후를 맞이했지만, 역사 속에서는 이름 없는 뱃사공들이 그 일을 이어받으며 나루터를 지켜 왔다는 걸 느낀 거죠.

만약 양씨 집안에서 내려오는 이야기가 사실이라면, 역사적 순간을 함께했던 뱃사공 가문은 사라지고 만 거예요. 잠실대교가 들어서자 신천 나루터가 사라졌고, 뱃사공이었던 양씨는 일자리를 잃었으니까요.

1949년부터 신천 나루터에서 뱃사공으로 일해 온 숙이 아버지도 일자리를 잃었어요. 그는 재소 징사기 되기로 마음먹었어요. 장사 밑천은 가재도구를 팔아 마련하기로 했고요.

하지만 숙이 아버지는 이사를 준비하다가 지붕에서 떨어져 다쳤어요. 그래서 장사 준비는커녕 다른 뱃사공들이 잠실을 떠날 때도 배웅하지 못했대요.

그런 숙이 아버지는 아마도 신천 나루터의 마지막 뱃사공을 상징하는 인물이었나 봅니다. 여러 신문 기사에 그가 등장했거든요. 잠실대교 건설 초기 신문 기사에도, 다리 완공 즈음은 물론 다리 개통 6개월 후에도 숙이 아버지의 소식을 전하는 신문 기사가 있었지요.

특히 1972년 12월 《동아일보》의 '1972년 주역을 찾아, 신천 마지막 뱃사공 김용태 씨' 기사는 숙이 아버지의 달라진 일상을 전해 주었어요. 그는 성수동의 규석 분쇄 공장에서 일하고 있었습니다. 잠실 토박이로 태어나 뱃사공 일만 해 온 숙이 아버지가 돌 부수는 노동자가 되었던 거죠.

결국 숙이 아버지는 채소 장수가 되지 못했대요. 그런 그의 일터가 있는 성수동은 잠실과 가까운데다 같은 생활권이기도 했어요. 아마도 숙이 아버지는 익숙한 동네에서 일하고 싶었던 게 아닐까요.

하지만 아예 먼 곳으로 떠난 뱃사공도 있었지요. 온 가족이 살던 오두막을 자기가 몰던 나룻배에 싣고서요.

1960년대 한강의 나룻배 강남과 강북을 잇는 중요한 교통수단이었던 나룻배는 한강의 다리들이 개통되면서 사라지게 되었고, 뱃사공들도 일자리를 잃게 되었어요. (사진·작가미상)

1972년 7월경 《조선일보》에 슬렁 씨가 앞에서 언급한 사진이 실렸습니다. '나룻배에 판자집, 가족 싣고 그 뱃사공은 떠났다'라는 제목처럼 나룻배에 집이 얹혀 있는 사진이었어요. 이 사진이 찍힌 날은 잠실대교 개통 하루 전이었지요.

바로 그날, 뱃사공 송씨는 나룻배 위에 오막살이를 통째로 얹어 놓고는 가족들과 신천 나루터를 떠났어요. 그리 커 보이지 않는 배와 오두막집 한 채가 그의 전 재산이었고요. 나룻배 너머

로 뱃사공 송씨의 일자리를 앗아 간 잠실대교가 보이는 사진이
었지요.

뱃사공 송씨는 한강을 따라 하류로 가서 사공 일을 계속하고
싶다고 했어요. 여의찮으면 강가에서 채소 농사나 짓겠다 했고요.

슬렁 씨는 일자리가 없어도 강변에서 일하고 싶어 하는 뱃사
공 송씨의 심정을 헤아리기 어려웠어요. 다만 새로운 일에 도전
하기 어려운 현실은 느껴졌지만요.

도시화로 바뀌는 세상

잠실대교는 신도시로 개발되는 잠실을 강북과 빠르게 연결하
는 목적으로 건설했습니다. 잠실 주민들은 물론 이곳을 지나가
야 하는 인근 지역 주민들에게도 필요한 일이었지요. 하지만 신
천 나루터 뱃사공들에게는 일자리를 빼앗기는 계기가 되어 버렸
지만요.

이런 일들은 한강에 다리가 놓인 다른 나루터에서도 벌어졌
습니다. 슬렁 씨는 한남대교와 영동대교가 놓이며 뱃사공들이
일자리를 잃었다는 소식을 전하는 신문 기사들을 찾을 수 있었

지요.

그리고 보면 도시화가 진행되며 사라진 직업이 있는가 하면, 소외되고 배제되는 이들이 생기기도 했습니다.

헌인마을

⑬ 등교를 거부당한 강남의 초등학생들

헌인마을이 재개발된다는 소식이 언론에 자자했어요. 헌인마을은 도시탐험가 슬렁 씨의 어릴 적 기억과 관련 있어서 간혹 찾아가던 동네예요. 그래서 슬렁 씨는 헌인마을이 철거되기 전 마지막 모습을 사진으로 담아야겠다고 마음먹었었지요. 그때가 2023년 봄쯤이었는데, 2024년 5월이 다 가도록 실천하지 못했지만요.

그러다 헌인마을은 이미 철거됐고, 마을의 중심이었던 헌인교회까지 헐릴 거라는 소식이 들려왔어요. 슬렁 씨가 부리나케 가 봤더니 헌인마을에는 가림막이 처져 있었어요. 가림막 너머로는 헌인마을이 사라진 빈터와 공사장 한편에 덩그러니 솟은 교회

2024년 6월 헌인마을 전경 재개발 사업을 위해 헌인마을의 건물들이 헐렸어요. 사진에 보이는 교회는 마을의 중심이었던 헌인교회예요.

건물만 보였고요.

헌인마을이 헐린 모습을 바라보던 슬렁 씨는 이 마을에 얽힌 이야기가 떠올랐어요.

학교에서 거부당한 미감아들

1969년 3월 초, 강남구 세곡동의 대왕국민학교 앞이 떠들썩했어요. 교문 앞에 모인 어른들의 성난 목소리와 어린이들의 울음소리로 가득했지요. 대왕국민학교 학부형들이 일부 어린이들의 등교를 막고 있어서 벌어진 소란이었어요. 어른들이 어린이들의 등교를 막은 건 이 아이들이 미감아였기 때문이에요.

'미감아(未感兒)'를 사전에서 찾으면, '병 따위에 아직 감염되지 아니한 아이'라고 설명합니다. 여기서 '병'은 한센병을 의미해요. 미감아는 한센병 부모에게서 태어난 자녀들을 의미하고요. 한센병은 예전에 나병이나 문둥병으로 부르기도 했었는데, 여기에는 멸시의 뜻이 담겨 있어요. 한센병이 바른 표현입니다. 그러니까 '미감아'라는 표현에는 한센병 부모를 두었지만, '아직'은 감염되지 않았다는 의미가 담긴 겁니다.

하지만 '미감아는 여느 어린이와는 다르다'라는 차별이 담긴 낙인이기도 했지요.

과거 우리나라 곳곳에는 한센병에서 치유된 사람들이 모여 살던 '음성 나환자촌'이 있었어요. '음성'은 특정 질병의 감연 검사에서 바이러스나 세균이 검출되지 않아서 감염되지 않았다는 결과를 의미해요. 즉 '음성 나환자'는 한센병에서 치료된 사람들을 일컫습니다. '에틴저 마을'로도 불렸던 서초구 내곡동의 '헌인마을'도 그중 한 곳이었지요.

헌인마을 관련 자료를 종합하면, 1963년에 음성 나환자들이 내곡동에 정착한 게 헌인마을의 시초였어요. 미국의 사회 사업가 에틴저 씨가 기자재를 기증한 것이 '에틴저 마을'이라는 이름의 유래가 되었고요.

그러던 1969년 3월, 헌인마을의 어린이 5명이 대왕국민학교에 입학하게 되었어요. 당시 이 아이들에게는 보건사회부 장관이 발행한 '미감아증명서'가 있었고요. '이 아동은 한센병에 걸리지 않고 건강하다'라는 의미가 담긴 증명서였지요.

정부에서 미감아들의 입학을 허가했지만, 대왕국민학교의 학부형들은 반대하고 나섰어요. 미감아들의 입학은 절대 안 된다고요. 혹시나 자기 자녀들에게 한센병이 전염될까 염려해서겠지요.

이들의 요구는 받아들여지지 않았어요. 학부형들은 자녀들을 학교에 보내지 않으며 계속 항의했고요. 결국 미감아 입학으로 불거진 대왕국민학교 학생들의 등교 거부 사태는 언론에 소개되며 각계각층의 관심을 끌었지요.

당시의 대왕국민학교 사태를 다룬 신문 기사가 많아요. 슬렁 씨는 그중에서도 1969년 4월 26일 《조선일보》의 '또 미감아 울리는 분별없는 등교 거부'라는 기사 제목에서 당시 분위기를 느낄 수 있었어요. 여기서 '또'라는 단어는 미감아들을 받아들이지 않는 일이 반복되고 있다는 걸 의미하고 있으니까요.

문제가 점점 커지자 문교부 장관은 자기 딸을 대왕국민학교에 전학시키기까지 했습니다. 보사부 장관 등 사회 지도층 인사들은 미감아들을 자기 집으로 데려가 직접 보살피겠다고 했고요. 미감아가 전염 위험이 없다는 것을 보여 주려는 의도였겠지요.

사회 지도층 인사들이 계몽에 나섰지만, 헌인마을 아이들은 대왕국민학교에 입학하지 못했어요. 대신 새로 설립된 학교에 들어가게 되었지요. 마침 미감아와 일반 아동을 통합 교육하겠다고 나서는 데가 있었거든요. 수유동에 있던 한국신학대학교, 지금의 한신대학교였습니다.

그렇게 1969년 6월 22일 수유동에서 한국신학대학 병설 한신국민학교가 개교했습니다. 1969년에는 미감아 아동들만 교육했으나, 1970년부터는 미감아 아닌 어린이들도 모집했지요.

헌인마을 아이들은 아침 일찍 통학버스를 타고 등교했어요. 내곡동의 마을을 나서 강남을 지나 한강을 건너 강북 도심을 거쳐 수유동에 이르는 장거리 통학이었지요.

사실 도시탐험가 슬렁 씨는 한신국민학교에 다니던 미감아들을 기억하고 있어요. 슬렁 씨가 한신국민학교에 다녔었거든요. 1973년에 입학해 1학년 때만 다녔지만, 같은 반에 헌인마을 아이가 있었던 게 기억나요. 검게 탄 피부에 단발머리를 한 여자아이였어요.

어떻게 아직도 기억하냐면 슬렁 씨가 머리를 다쳐 붕대를 두르고 학교에 간 날이 있었는데, 이 아이만 울어 주었거든요. 그때 남은 흉터에는 머리카락이 나지 않아요. 그래서 머리카락을 자를 때 흉터가 보이면 그 아이가 떠오르곤 했지요.

몇 년 전 슬렁 씨는 한신초등학교에서 오래 근무한 선생님들로부터 미감아 교육에 관한 이야기를 들을 수 있었어요. 한신초등학교의 미감아 교육은 1991년까지 진행되었다고 해요. 20년 넘게 헌인마을 아이들을 등하교시킨 통학버스 기사님은 마지막 한 명 남은 아이를 자신의 승용차로 등하교시켰다고 하네요.

차별과 배제의 사회

우리나라에서 한센인을 격리하며 차별한 역사는 오래되었어

내곡동에 있는 헌인교회와 '에틴저 마을' 표지석(2020년 촬영) '에틴저 마을'로도 불렸던 헌인마을은 한센병에서 치유된 사람들이 모여 살던 '음성 나환자촌'이에요.

요. 일제강점기부터 광복 후 한동안은 법률로 한센인을 강제 격리했었는데 소록도가 바로 그곳이에요.

1963년부터는 완치된 음성환자들을 이른바 '음성 나환자촌'에 모여 살게 했어요. 내곡동의 '헌인마을'이 그런 정착촌 중 하나였지요.

정부에서는 이들 정착촌 주민들에게 돼지 사육 같은 축산업에 종사하게 했어요. 헌인마을 주민들도 가축을 키웠고요.

이러한 한센인 마을들은 도시의 변방에, 그러니까 도시의 끝자락에 있었습니다. 서초구에 속한 헌인마을 또한 성남시로 가는 길에 자리한 서울 끝자락 동네입니다. 주거 지역과 떨어져 있어서 악취 민원이 많은 축산업에 제격인 동네였지요.

슬렁 씨가 헌인마을에 처음 가 본 건 2020년이었어요. 한센인들은 오래전에 마을을 떠났고 그 자리에는 가구 공장이 들어서 있었어요. 예전 흔적이라곤 1975년에 건축한 '헌인교회'와 교회 앞에 놓인 '에틴저 마을'이라고 쓰인 표지석뿐이었지요.

그런 헌인마을의 모습이 변하는 중이에요. 오래도록 재개발 소문만 무성했었는데 고급 주택단지가 들어설 거라고 하네요. 2024년 6월 현재, 터 닦는 공사가 진행 중이에요.

공사장 한복판에 헌인교회가 있어요. 이 교회는 헌인마을 주민들이 힘을 합쳐 세웠다고 해요. 그러니 한신국민학교에 다녔던 헌인마을 어린이들도 이 교회에 다녔겠지요.

도시탐험가 슬렁 씨는 생각에 곰곰 잠겨 봅니다. '헌인마을 아이들은 왜 그토록 먼 학교에 다녀야만 했을까?' 하고요. 헌인마을은 서울의 남쪽 끝자락에 있고 한신국민학교는 서울의 북쪽 끝자락에 있었는데 말이죠.

어쩌면 그 모습은 자기와 다른 것을 분리하고 배제하려 한 어른들의 의지가 만든 광경일지도 모릅니다. 자기 자녀들을 등교 거부로 몰아가기까지 하면서요.

그래서일까요. 슬렁 씨는 우리 사회에서 배제나 차별이 낯설지 않은 풍경이라는 생각이 들었어요. 특수학교가 동네에 들어서는 걸 반대하는 주민들의 시위나 다른 아파트 아이들에게 통학로나 놀이터를 이용하지 못하게 했다는 어느 고급 아파트단지에 관한 소식을 접할 수 있으니까요.

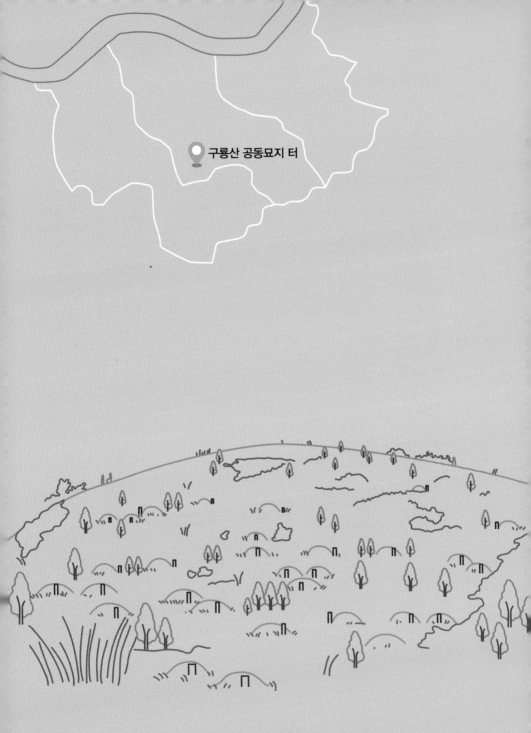

구룡산 공동묘지 터

⑭ 소문 속 공동묘지를 찾아서

공원으로 가는 길이 막혀 있네요. 아파트 안쪽에 공원이 있는데 말이죠. 출입증 있는 사람만 드나들 수 있는 문만 보여요.

도시탐험가 슬렁 씨는 공원 출입구를 찾기 위해 아파트 담장을 따라가 보았어요. 곳곳에 아파트 출입문이 있지만 주민이 아니면 들어갈 수 없게 만들었어요. 단지 끝자락까지 가니 공원 출입구가 보였어요. 이 아파트가 공원을 둘러싸고 있는 모습이에요.

예전엔 이렇지 않았어요. 재건축하기 전에는 아파트난시 사이 산책로를 거쳐 공원에 갈 수 있었어요. 하지만 재건축 후 새 아파트가 들어선 후에는 단지 안을 외부인이 드나들지 못하게 만들었네요. 그래서 이 아파트에 살지 않는 사람들이 공원에 가려면 멀

개포동 어느 아파트의 공원 출입구 재건축 아파트가 새로 들어선 후에는 단지 안으로
아파트 주민들만 드나들 수 있어요.

리 돌아가야 하고요.

슬렁 씨는 어릴 때 소문으로 들었던 장소를 찾아가는 중이었
어요. 그곳은 개포동의 대모산과 구룡산에 있다고 했어요. 이 아
파트단지가 둘러싼 공원과 육교로 연결된 산이에요.

오래전 폐쇄된 공동묘지는 어디에?

슬렁 씨가 다니던 도곡국민학교에 한 소문이 돌았어요. 구룡산 어딘가에 폐쇄된 공동묘지가 있는데, 구덩이들이 아직 남아 있다는 소문이었지요. 도곡국민학교 교가에도 나오는 구룡산은 대모산과 함께 강남구 개포동 일대에 자리한 산이에요.

1977년에 5학년이었던 도시탐험가 슬렁 씨가 동네 형에게 들은 소문이었어요. 슬렁 씨는 호기심을 참지 못하는 어린이였어요. 그래서 폐쇄된 공동묘지 흔적이 어떤 모습인지 확인하고 싶었지요.

하지만 역삼동의 아파트에 살던 슬렁 씨에게 구룡산이 있는 개포동은 너무나 멀었어요. 당시에는 개포동으로 가는 시내버스도 없었고요. 그러니 도곡동의 논두렁 길을 지나고 양재천의 징검다리를 건너야 나오는 개포동은 머나먼 시골이었어요. 어린이가 걸어서 갈 수 있는 데는 아니었지요.

시간이 흘러가며 구룡산과 대모산 어딘가에 있었다는 공동묘지의 소문은 슬렁 씨의 기억에서 차츰 희미해져 갔습니다.

그렇게 어른이 된 슬렁 씨는 한강의 나루터에 관한 자료를 모으다가 옛 기억을 떠오르게 하는 신문 기사 한 편을 찾았어요. 1962년 추석 무렵 《조선일보》에 실린 '대혼잡을 이룬 나루터'라는 제목의 기사였지요.

이 기사는 서빙고 나루터에 5,000여 명의 성묘객이 몰려 크게 붐볐다고 전합니다. 나룻배 침몰 사고가 벌어진 한남동 한강 나루터가 폐쇄되어 인근의 서빙고로 몰린 거였습니다.

그런데 슬렁 씨의 머리에 뭔가 스쳐 지나갔어요. 기사에 등장한 사람들이 '광주군 언주면 반포리에 있는 시립 언주 공동묘지'에 가는 성묘객이라는 대목에서요.

슬렁 씨는 '언주면이면 지금의 강남구인데' 하는 생각이 떠올랐어요. 그러자 희미해졌던 어릴 적 소문이 다시 또렷해졌고요. 그러고는 '혹시 어릴 적에 들었던 공동묘지에 관한 소문과 관계가 있는 건 아닐까!' 하는 호기심이 일었지요.

그래서 도시탐험가 슬렁 씨는 강남 어딘가에 있었다던 공동묘지에 관한 자료를 찾기 시작했습니다. 하지만 학술 문헌이나 공문서 등에서는 찾을 수 없었어요. 다만 과거 신문 기사에 나온 내용만 참고할 수 있었지요.

언주 공동묘지를 찾아서

언주 공동묘지에 관한 기사는 세 시기에 걸쳐서 등장했습니다. 언주 공동묘지 설치 관련 기사가 제일 먼저 나오지요.

1939년 3월 《조선일보》의 '공동묘지 신설' 기사는 경성부(일제강점기 경성의 행정을 담당하던 관청으로, 오늘날의 서울시청)가 지금의 강남구 일대인 광주군 언주면에 10만 평의 공동묘지를 신설했다고 밝힙니다. 당시 경성에 공동묘지가 모자라자 나온 대책이었어요. 현재 신림동 일대인 경기도 시흥군 동면에도 공동묘지가 설치되었고요.

이때 경기도 광주군 언주면의 공동묘지는 경성부립이 되었어요. 지금의 서울시 역할을 하는 경성부에서 관리하는 공동묘지가 된 것이었지요.

언주 공동묘지가 언론에 등장한 두 번째 시기는 1957년과 1958년 사이입니다. 당시 언론들은 미아리 공동묘지를 옮기라고 주장하는 기사들을 내보냈어요.

1930년부터 공동묘지가 들어선 미아리 일대는 광복과 한국전쟁을 거치며 서울의 대표적 서민 거주지역이 되었어요. 그래서 도시 미관과 공중위생을 위해서 미아리 공동묘지 일대에 재개발이 필요하다는 여론이 일어났고요. 서울 부도심 발전에 공동묘지가 방해물이라는 여론도요.

결국 서울시는 미아리 공동묘지의 산소들을 경기도 광주군 언주면의 공동묘지로 이장하기로 했습니다. 그 후 1년여가 지난 1958년 연말쯤에는 미아리 공동묘지의 산소 1만9,000여 기를 언주 공동묘지로 옮겼다는 신문 기사들을 볼 수 있지요. 이때까지는 경기도에 속했던 광주군 언주면은 1963년 1월 1일부로 서울시에 편입되었어요.

언주 공동묘지가 언론에 등장한 세 번째 시기는 1960년대 말에서 1970년대 초입니다. 1960년대 말에 언주 공동묘지가 꽉 찼다는 신문 기사가 보이기 시작하더니, 1970년이 되자 서울시는 강남 개발을 위해 이 지역에 묘지를 더는 허용하지 않는 방침을 발표했어요. 그리고는 언주 공동묘지 등 강남 지역에 있는 시립 공동묘지들을 서울 외곽으로 이전할 계획을 세웠지요.

결국 한강 남쪽 지역에 있던 묘지들은 1970년 6월부터 이장해야 했어요. 그중 언주, 신사, 학동 등 3개의 공동묘지가 지금의 강남구에 있었지요.

항공사진으로 남은 강남의 서울시립 공동묘지

도시탐험가 슬렁 씨는 언주 공동묘지가 어디인지 궁금했습니다. 과거 기사에 '언주면 반포리'라는 지명이 나와서 슬렁 씨는 고속버스터미널이 있는 반포동을 떠올리기도 했지요. 지금의 서초구 반포동도 과거에 시흥군 신동면 반포리라는 지명을 썼었으니까요.

하지만 광주군 언주면의 반포리와 시흥군 신동면의 반포리는 전혀 다른 동네입니다. 두 지역이 서울로 편입된 후 신동면 반포리는 영등포구 반포동이 되었고, 언주면 반포리는 성동구 개포동이 되었으니까요.

즉 언주 공동묘지가 있었던 언주면 반포리는 지금의 강남구 개포동 일대였습니다. 그러니까 지금의 강남구 개포동 일대에 서울시립 공동묘시가 있었던 거죠.

슬렁 씨는 항공사진 사이트를 접속해 봤습니다. 1972년에 촬영한 개포동 일대 항공사진에 공동묘지 흔적이 보였어요. 서울시가 분묘 개장과 이장을 명령하고 2년 정도 지난 후의 모습이었지요.

항공사진에 찍힌 개포동의 평지는 주로 농지였어요. 그런데 구릉을 중심으로 묘지를 파낸 흔적들이 드러나 있었고요. 마치 달 표면의 분화구처럼 보였어요. 묘지들을 파낸 후에 덮지 않은 채로 그냥 놔둔 모양이었지요.

슬렁 씨는 1970년대 초반과 중반, 그리고 후반의 항공사진들을 비교해 봤습니다. 1972년 항공사진에는 구덩이 주변이 맨땅으로 보였는데, 해가 갈수록 수풀로 덮이는 것을 볼 수 있었어요.

달 표면의 분화구처럼 보였던 옛 공동묘지의 흔적은 그렇게 사라져 갔어요. 그리고 1980년대에 들어서자 옛 공동묘지 인근은 개포 주공아파트단지로 개발되었고요.

그 일대가 바로 도시탐험가 슬렁 씨가 방문한 공원 주변이에요. 주공아파트를 재건축한 새 아파트가 둘러싼 곳이지요. 주공아파트 시절엔 단지 사잇길을 지나 공원에 갈 수 있었는데, 새 아파트가 들어선 후로는 막히게 된 거고요. 공원 안 산책로에는 아파트와 연결되는 문이 여러 군데 있지만 출입증이 있어야만 열렸어요.

물론 개포동의 재건축 아파트단지만 외부인의 출입을 막고 있는 건 아니에요. 강남 3구 일대에 새롭게 들어선 아파트단지 중

1972년 개포동 일대 구릉지에 구덩이들이 보이는데, 묘지를 파내고 덮지 않은 흔적이에요. (사진·국토지리정보원)

1977년 개포동 일대 서울시가 분묘 개장과 이장을 명령하고 7년 정도 지난 후인데, 구릉의 묘지를 파낸 구덩이 주변이 수풀로 뒤덮였어요. (사진·국토지리정보원)

1982년 개포동 일대 공동묘지 주변이 공원이 되고 개포 주공아파트단지로 개발되었어요. (사진·국토지리정보원)

입주자 아닌 사람들의 출입을 제한하는 곳이 여러 군데 있어요.

슬렁 씨가 어릴 적 살았던 역삼동의 아파트도 마찬가지예요. 낡은 아파트를 허물고 재건축한 이 아파트는 예전보다 고급스러워졌지만, 외부인에게는 불친절해졌더라고요. 슬렁 씨는 고향으로 생각하는 이곳을 답사하다가 수상한 사람으로 오해받아 마음 상한 적이 한두 번이 아니었지요. 그래도 도시탐험가 슬렁 씨는 어릴 적 추억이 많은 역삼동과 강남을 고향으로 생각하며 그 시절을 그리워하고 있습니다. 한편으로는 차별과 배제의 고장으로 알려지는 고향의 모습이 안타깝기도 하지만요.

슬렁 씨의 도시 탐험은 계속된다

도시탐험가 슬렁 씨는 초등학생 시절 방학이면 부모님의 고향인 경상북도의 한 마을을 방문하곤 했습니다. 그곳에는 친척들이 살고 있었고, 그분들은 옛날이야기를 들려주었습니다. 그 고장에 얽힌 이야기라든지 마을 뒷산에 묻힌 선조들에 관한 이야기였습니다.

친척들은 슬렁 씨도 그 고장의 후예임을 강조하기도 했습니다. 슬렁 씨가 서울에서 태어나 서울에서 살고 있지만 뿌리는 부모님의 고향을 따르는 법이라면서요.

슬렁 씨는 부모님의 고향을 자기 고향처럼 여기며 어른이 되었습니다. 그런데 부모님이 모두 돌아가시고 시골에 살던 친척들도 모두 세상을 떠나자 슬렁 씨는 고향에 대해 혼란이 왔습니다.

슬렁 씨 부모님의 고향은 슬렁 씨에게는 아는 이가 한 명도 없는 곳이 되어 버렸거든요.

설이나 추석에 부모님 묘소에 성묘하러 가도 슬렁 씨는 어디 들려서 물 한잔 얻어 마실 곳이 없었습니다.

그때 문득 슬렁 씨는 '내게 고향은 어디일까?' 하는 생각이 들었습니다. '경상도 출신의 부모를 둔 나. 하지만 서울에서 나고 자란 나. 그런 나의 고향은 경상도일까 아니면 서울일까?' 하는 의문이 든 거죠.

덕분에 슬렁 씨는 '고향'에 관해 깊게 생각해 볼 수 있었습니다.

《고려대 한국어 대사전》에는 '고향'이라는 단어의 기본의미를 "태어나 자라난 곳, 또는 제 조상이 오래 누려 살던 곳"이라고 설명합니다. 보충적 의미로는 "늘 마음으로 그리워하거나 정답게 느끼는 곳"이라고 설명합니다.

기본의미에 따르면, 경상북도의 어느 마을이 슬렁 씨의 부모님은 물론 그의 조상이 오래 누려 살던 곳이기에 슬렁 씨의 고향입니다. 한편으로는, 슬렁 씨가 태어나고 자란 서울이 고향이기도 합니다.

그렇다면 고향의 보충적 의미처럼 슬렁 씨가 늘 마음으로 그리워하거나 정답게 느끼는 곳은 어디일까요?

슬렁 씨가 자란 동네는 서울의 세 지역입니다. 강북구 수유동, 마포구 서교동, 그리고 강남구 역삼동.

이들 세 동네 모두 슬렁 씨가 마음으로 그리워하고 정답게 느끼는 곳이었습니다.

수유동에서는 슬렁 씨가 태어나 초등학교 1학년까지 살았고, 서교동에서는 4학년까지 살았습니다. 역삼동의 아파트에서는 슬렁 씨가 대학교를 졸업할 무렵까지 살았습니다. 이들 지역을 생각만 하면 슬렁 씨는 가슴이 따뜻해집니다. 갖가지 추억도 떠오르고요. 아마도 친구들 때문일 겁니다. 어린 시절 이들 동네에서 만난 친구들은 슬렁 씨가 어른이 된 지금까지도 가깝게 지내는 친구들이니까요.

그러고 보니 '고향이 어디일까?' 하고 혼란을 느끼던 슬렁 씨는 이들 세 동네가 진정한 의미의 고향으로 느껴지는 거 같았습니다.

2020년 무렵부터 슬렁 씨는 어릴 적 살던 동네를 방문하곤 했습니다. 처음에는 어릴 때 살던 옛집을 찾아보려는 의도였습니다.

하지만 슬렁 씨가 어릴 때 살던 수유동의 개량한옥은 다세대주택이 되어 있었고, 서교동의 2층짜리 단독주택은 5층짜리 건물이 되어 있었습니다. 그리고 역삼동의 아파트도 헐려 새 아파트로 변해 있었고요. 그만큼 동네의 모습도 크게 변해 있었습니다.

그때부터입니다. 슬렁 씨는 어릴 적 살던 동네의 변화를 추적해 보았습니다. 우선 옛집들의 건축 관련 서류를 뒤졌습니다. 그렇게 수유동의 옛집은 약 30년 전에 헐렸고, 서교동의 옛집은 약 20년 전에 헐렸다는 걸 알게 되었습니다. 그리고 역삼동 아파트의 재건축 과정도 알게 되었고요.

그러다 수유동과 서교동 그리고 역삼동과 관련된 숨은 이야기들을 찾아보게 되었습니다. 부모님의 고향에서 들었던 옛날이야기들처럼 슬렁 씨가 나고 자란 고향에도 흥미로운 이야기들이 숨어 있을 것으로 생각했기 때문입니다.

그리고 그렇게 도시탐험가 슬렁 씨는 범위를 넓혀 갔습니다. 강북과 강남의 변화, 나아가 서울의 변화와 관련된 이야기들을 발굴하게 되었습니다.

지금도 슬렁 씨는 서울 곳곳을 탐험하듯 답사하고 다닙니다. 그렇게 발굴한 이야기들을 슬렁 씨는 글로 정리해 여러 언론 매체를 통해 발표하고 있습니다. 하지만 슬렁 씨의 탐험 수첩에는 아직 글로 정리하지 못한 이야기들이 쌓여 있습니다. 그리고 서울 곳곳에는 아직 슬렁 씨가 발굴하지 못한 이야기들이 숨겨져 있기도 합니다.

아마도 어쩌면, 서울뿐만이 아니라 도시로 변화해 가는 우리나라 방방곡곡에서도 마찬가지가 아닐까요. 누군가가 발굴하지 않으면 영원히 과거의 흔적 속으로 사라질 이야기들이 많을 겁니다.

여러분들도 그 이야기들을 발굴하는 탐험을 떠나 보면 어떨까요.

글·사진 강대호

대학에서는 음악을, 대학원에서는 IT정책을 공부했어요. 음반 업계와 문화산업 분야에서 20년 넘게 일했고, 정부 기관에서 규제 개선 업무를 맡기도 했어요. 지금은 여러 언론 매체에서 객원기자와 칼럼니스트로 문화와 도시 관련 글을 연재하면서 라디오 방송에 게스트로도 출연하고 있어요. 물론 도시탐험가로 활동하고 있고요.
이 책에 실린 이야기들은 여러 언론 매체에 게재된 저자의 강남 관련 글을 엄선해 어린이와 청소년 독자를 위해 새롭게 쓴 거예요.